JN410185

# 부르는 소리

최 염 제2수필집

# 머리글

또 한 해가 지나갔습니다. 머지않아 새봄이 오면 따사로운 햇살이 나의 꿈을 화사하게 비추리라 믿습니다. 서랍장에 쌓인 글들을 한 편 한 편 공글어 봅니다. 처녀 수필집을 내놓을 때보다 더 두렵습니다.

무엇을 크게 이루지 못했고 이루려는 노력도 부족한 내 삶의 편린들을 모아 이렇게 글로 엮을 수 있다는 자체가 나에겐 큰 축복입니다.

아쉬움을 달래며 2집을 냅니다. 독자 여러분과 소통하는 작은 오솔길이라도 열리면 좋겠습니다.

마음을 비우고 주위의 모든 사람들을 사랑하겠습니다. 항상 곁에서 힘이 되어준 나의 가족들, 그들이 바로 내가 행복한 이유입니다. 이제는 좀 더 여유롭게 가야 할 길을 곧게 가겠습니다.

오랜 세월 어깨를 맞대고 공부하고 서로 격려했던 문우들에게 고마운 마음 전합니다.

2011년 1월 최 염

c.o.n.t.e.n.t.s

머리글

## 제1부 추억의 뒤안길

가족의 힘 · 10

그곳에 머물고 싶다 · 14

둘째 딸 · 19

김장 · 22

부모 · 26

안식安息의 달月 · 29

어느 날의 소묘 · 33

여덟 빛깔의 꿈나무 · 37

추억의 뒤안길 · 59

평온한 마음의 뜰 · 62

한가위 빈 자리 · 66

## 제2부 부르는 소리

귀향 • 70

그리운 시절 • 75

그만 네 • 79

길을 거닐면 • 84

만남 그리고 이별 • 87

봄 내음 • 90

부르는 소리 • 94

세월은 흘러도 • 97

웃으면서 즐겁게 • 101

초록빛 파도 • 105

한강공원 • 108

c.o.n.t.e.n.t.s

## 제3부 나무꾼과 선녀


길 • 114

눈이 내리는데 • 117

가짜 보석 • 121

나무꾼과 선녀 • 124

다시 찾은 땅 • 128

달達과 궁窮 • 133

매미 울음소리를 들으며 • 137

문학의 밤 • 141

일상의 여유 • 146

작은 행복 • 150

전철 속의 이색 풍경 • 153

황금알 • 156

## 제4부 행복한 여행


가장 조용한 마을 • 160

머나먼 북해의 나라 • 163

겨울 여행 • 167

떠나고 싶다 • 171

다시 찾는 즐거움 • 175

산 너머 행복이 있다기에 • 180

삼홍의 선경 • 184

설악의 한유閑裕 • 188

실자라인을 타고 • 191

자연의 나라 • 195

흑산도 추억 • 199

행복한 여행 • 204

보고 또 보고 • 209

**발문** 최염 수필가 제2수필집 평설

| 제1부 |

# 추억의 뒤안길

# 가족의 힘

1월부터 우리 가족의 모든 촉각은 대학합격자 발표에 쏠려 있었다.

수험생인 외손자 형준이를 보나 가장 조바심이 클 큰딸 내외를 보나 발표될 때까지는 담담한 표정으로, 일단 믿고 조용히 기다리기로 했다.

그런데도 전화벨만 울리면 화들짝 긴장이 되곤 했다. 그 때마다 아무렇지도 않은 듯 조용히 기도만 외었다.

마침내 오늘 일찌감치 합격소식이 날아들었다. 온 가족은 물론, 일가친척 친구들에 이르기까지 축하의 전파가 코러스의 물결을 이루었다.

초등학교 3학년인 사촌 동생 세린이도 제 친구들에게 일일이 메일로 오빠의 합격을 외쳐댔다. 그 친구들로부터도 '사촌 오빠의 합격을 축하한다' 는 앙증스런 인사를 받게 됐다. 한동안 기쁨의 나날이 이어졌다.

어린 세린이는 유난히 발표일을 고대했었다. "할머니 좋은 소식 왔어요?" 걸핏하면 그런 전화를 넣곤 했다. 나는 "꼭 합격할 거다. 시험도 잘 보았다지만 우리 세린이가 그렇게 열심히 기도를 하니 하나님이 꼭 기쁜 응답을 주실 거야. 잠자코 기다리자." 고 손녀에게 자신 있는 응답을 하곤 했다.

멀리 떨어진 미국의 둘째 딸한테서도 걱정을 하는 전화가 기도와 함께 왔다. 힘을 실어주는 가족들의 사랑, 우리는 늘 서로서로 버팀목이 되었었다. 합격 소식을 미국의 시차도 아랑곳하지 않고 직통으로 쏘았다. 기쁨의 밤을 지새운다며 몇 번이나 "잘 했다." 는 화답의 목소리를 되뇌었다.

이 나이에도 나는 가끔 시험 보는 꿈을 꾼다. 공부를 열심히 한 셈인데 꿈속에서는 시험만 보면 늘 허둥거렸다. 백지 답안에 이름만 쓰고 나오는 가 하면 이름도 어느 곳에 적어야 할지 몰라 쩔쩔매기도 했다. 그런 꿈은 이상하게도 오래 갔다. 그런 나여서 손자 합격발표에 남모를 강박증을 앓았는지도 모른다.

네 아이의 입시가 끝나면 나의 할 일은 다 마무리된 것으로 알았다. 그런데 손자의 합격 발표를 기다리는 마음은 더욱 불안해졌다. 딸이 몹시 애쓸 일이라도 생기면 어쩔까 하는 조바심이 사뭇 가슴을 조였다. 너무 욕심 많은 할머니인 것도 같다. 하기야 조선의 대표적인 선비인 이황, 정철도 보통사람처럼 가난에 마음 상하고 자식걱정에 애를 태웠다니 할 말은 없지만. 외출도 하기 싫고 신경만 예민해졌다.

내가 행복한 이유는 늘 그들을 위하여 건강을 지키면서 어릴 때 돌보던 마음으로 정을 표할 수 있기 때문이다. 그들은 저마다 그날 그날 내 삶의 버팀목이 되어 있다. 그들에게 용기를 주고 여유롭게 안기는 격려를 더 해야 한다. 그 힘이 무엇보다 크다. 밖에서 마음 아팠던 일, 서글펐던 일, 서운하고 화났던 일 등등이 가족과의 대화에서 풀려야 비로소 힘을 얻기 마련이다. 가까운 거리에서 즐거운 일이 생기면 같이 즐거워하고 어려운 일이 생기면 같이 맡아야 한다. 나이 든 우리의 아날로그적인 삶을 그래도 젊은이들은 잘도 배운다. 우리는 자라나는 꿈나무에서 햇볕처럼 발랄한 엔돌핀을 받는다. 자식들 키울 때처럼 날마다 가까이서 자주 만날 수 있는 가족들, 서로 만나면 웃음꽃이 행복의 채널이 되어준다.

형준이가 대학에 무난히 들어갔으니 앞으로 손자, 손녀 일곱 명도 탄탄대로로 자신의 꿈을 이루기를 소원한다.

오늘은 더욱 기분이 좋다. 손자 동준과 외손녀 민지가 중학교 졸업식에 모두 모였다. 미국에 사는 현민이까지 고등학생이 되었다. 이제 자식들의 아들 딸들이 건강하고 착하게 자라주는 것이 우리의 흐뭇한 즐거움이라는 것에 감사드리며 하루를 보낸다.

지나간 봄바람, 여름의 소낙비, 가을 단풍의 아롱진 길에 첫눈을 기다리는 심정으로 가족들과 평온한 행복을 쌓아 가리라. 대학생이 된 형준이, 세 명의 고등학교 입학을 축하하며 모인 그 축하연, ―기쁨이 활짝 피는 봄날이었다.

2009. 2.

# 그곳에 머물고 싶다

코네티컷 주의 심즈베리 타운, 딸네 집에서 한동안을 지냈다. 딸은 어느새 그곳에서 오래 산 사람처럼 의사소통이 비교적 자유로웠다. 휴직을 하고 떠난 터라 늘 고국을 그리워하면서도 차츰 미국 생활에 적응이 되어가고 있었다. 그런 딸과 종일 이런저런 이야기들을 나누면서 맛있는 음식도 실컷 나눌 수 있어서 더없이 흐뭇했다.

외출할 때면 윤경이가 뒷좌석에 앉은 우리에게 꼭 "할아버지 벨트", 할머니 벨트." 하고 챙겨주었다. 초등학교 2학년인 그는 미국 아이들이나 다름없이 영어 발음이 매끄러웠다. 칭찬을 해주면 혀를 쑥 내밀며 으쓱해진다.

고등학생인 현민이가, 미국사람이 어디 너처럼 그리 혀를 굴려 대느냐고 핀잔을 줘서 모두들 박수를 치며 깔깔댔다.

며칠 사이에 나도 그 환경에 흠뻑 빠졌다. 어느 오지가 이렇듯 짙푸름 일색일까. 수림에 둘러싸인 집들, 문밖에 나서면 그대로 공원이다, 인가라야 고작 열 집이 전부인 마을이니…. 한 아름이 넘는 굵은 나무들이 울타리이자 경계선이기도 했다. 반반한 곳은 모두 그린 필드다. 길이라곤 하나 같이 산책로 같고 인도人道를 다니다 보면 갑자기 끊어진 곳이 많았다.

전철이 없는 마을이라 슈퍼마켓에 가려면 20분쯤 자동차로 달려야 했다.  방학 중이어서 통학버스마저 보이지 않았다. 주된 교통수단은 승용차였다.

맞벌이가정에선 보육사의 인건비가 비싸 낮 동안은 할아버지 할머니가 손자손녀를 돌보기 위해 출퇴근을 하기 일쑤라고 했다. 10세 미만의 어린이는 법적으로 반드시 돌보는 사람이 있어야만 하는 것이 이 나라의 법이다.

가전제품이 고장이 나도 수리는 접수하고 오래 기다려야 했다. 물건 하나를 사도 배달료까지 따로 받으면서 역시 며칠을 기다리게 하기 일쑤였다. 딸은 전화 한 통이면 모든 게 척척인 우리 한국이 최고라고 푸념하곤 했다.

미국사람들의 식생활은 빵 채소 과일 등으로 간편했다. 우리나라의 복잡한 식단과는 대조적이다. 딸네도 아침 점심은 빵 샌드위치였다. 사위나 윤경이나 현민이도 도시락이 샌드위치여서 저녁 한 끼는 꼭 한국음식을 마련해 행복한 시간을 누리게 했다.

시간이 너무도 빨리 흘렀다. 쇼핑을 함께하게 되면 애들처럼 신이 났다.

우선 물건 값이 싸서 좋았다. 서울보다 과일 채소 빵은 물론, 일상용품이 너무너무 싸서 갑자기 부자가 된 기분이었다. 내 옷 사이즈가 틴에이저의 미디엄이어서 쉽게 살 수 있었다. 새삼 날씬한 미스가 된 것 같아 싱글벙글했다.

이 나라의 거대한 스케일은 과연 놀랍다. 우람한 숲 사이로 조용하게 끼어있는 집들이 모두 목조 건물이다. 넓은 대지 위에 열 집이 넘지 않는 호젓한 동네들이 도처에 산재해 있으니 말이다.

서구에서는 아파트가 거의 근로자들의 집단주택이라는데 우리나라의 경우는 마치 부의 척도 같으니…. 아직 멀쩡한 아파트도 그래서 재개발을 서둘게 되고 어느새 농촌의 논두렁 밭두렁에도 드높게 들어서니 그래도 되는 것인지 알 수 없다.

길을 걷다 보면 'no out' 이란 푯말이 자주 보였다. 둥지의 좁은 길처럼 들어가 봐야 다시 나올 길밖에 없음을 알리는 표지다. 외부 사람은 아예 접근을 안 하는 탓인지 도둑이 들지 않는다고 했다. 문단속 따위는 신경을 접고 사는 동네다. 그래도 나는 밤이면 습관적으로 문을 걸었다. 살기 좋은 나라 백성 되기가 그리 쉬운 것은 아닌 듯. 개인주의의 나라답게 남에게 누를 끼치지 않는 배려가 철저했다.

뉴욕에서 차로 불과 2 시간 거리인 심즈베리, 밤이 되면 야생 동물들이 동네를 어슬렁거린다니 놀라웠다. 곰이라도 만날까봐 신경이 쓰인다고 했다.

에너지 절약의 일환이기도 한지 모두들 귀가는 '빨리빨리' 라 비행청소년도 없다고들 했다.

잠을 자다 일어나 보니 외등이 켜 있었다. 꺼보려고 위아래 층을 더듬는 사이 저절로 꺼졌다. 이튿날 알고 보니, 야생동물이 집 앞을 지나게 되면 자동으로 불이 켜졌다가 소등된다고 했다. 멀리 불빛만 아련한 산골 동네가 마냥 신비스럽기만 했다.

여름 방학이 3개월이었다. 방학동안 숙제라는 건 아예 없고. 개인적으로 하고 싶은 캠핑을 하거나 축구, 노래, 춤, 수영 등, 취미를 즐긴다고 했다.

과외에 시달리는 서울의 고3인 형준, 중3인 동준, 민지, 중1인 동규 생각이 나서 잠이 오질 않았다. 내가 10년만 젊었어도 이런 곳에 정착할 수 있었을 터인데 안타까웠다. 비오는 날은 나막신 파는 아들 걱정, 날이 가물면 우산 장사하는 아들 걱정인 할미의 모습이 역연했다.

여행을 할 때면 사위가 운전석에, 내가 그 옆에 앉곤 했다. 6인승 인데도 뒷좌석이 비좁아 현민이와 자리를 바꾸어보자고 했다. 홀랑홀랑 편안해졌다.

훌쩍 자란 손자가 대견해질 밖에. 내가 날씬한 할머니가 되었다. 지루한 여행길이 넉넉해졌다.

현민이는 제 엄마에게 "친할아버지 할머니처럼 나이 드시면 누구나 잠을 못자는 줄 알고 젊었을 때 흠뻑 자 두려고 밤마다 열심이었어요. 그런데 외할아버지 외할머니는 매우 잘 주무셔서 이젠 적게 자야겠다는 생각을 했어요."하는 바람에 한바탕 웃음바다가 되었다.

이른 아침, 뒷뜰에서 로빈의 노랫소리가 들린다. 창가에서 푸르게 펼쳐진 뜨락을 바라본다. 서늘한 공기가 상큼하다. 저녁에 거닐었던 산책로가 나타난다. 낯선 사람에게 "하이."하고 손을 흔들며 인사를 나눈다. 다람쥐, 너구리, 곰 등과도 손을 흔들며 스친다.

심즈베린가 하고 눈을 뜨니 한국의 내 방이다.

아! 한 마당 꿈이런가.

2008. 7

# 둘째 딸

5백리나 떨어져 살던 둘째가 첫 아이를 낳던 해, 둘째는 사위의 전직으로 대덕에 새로 둥지를 튼 후 그곳에서 15년을 살았다. 명절이나 집안 행사가 있을 땐 거의 빠짐없이 서울을 오르내렸다. 불과 두어 시간 거리여서 자주 만난 것인데 떠날 때는 매양 눈물을 글썽거렸다. 가까이 살면서도 그만큼 정을 떨치지 못했다.

그런 둘째가 뜻밖에 머나먼 미국으로 떠난 지도 벌써 1년이 훌쩍 넘었다. 그런데도 문득문득 대덕에 있는 것으로 착각되어 부르기만 하면 금방 달려올 것만 같다. 세상이 좋아져서 비록 먼 이국이라 해도 화상전화도 하고 이메일도 나누는데 직접 얼굴도 만져보고 싶고 안아도 보고 싶은 마음이 하루에도 몇 번이나 가슴을 적신다.

딸네는 노후도 든든히 보장되는 좋은 직장을 버리고 아이들 교육을 위해 글로벌시대의 대세에 맞춰 홀연히 이곳을 떠났다. 손자, 손녀들이 기대했던 만큼 잘 적응해서 한국 직장에 대한 일말의 미련도 자연히 잊어졌다고 한다.

딸도 그런 뒷바라지여서 신명이 난다며 흐뭇해했다. 이민생활이 뜻대로 되지 않아 힘겨운 하루하루를 보내고 있다면 얼마나 마음 아픈 일일까.

환경이 썩 좋은 곳에 집을 마련하여 애들이 걸어 다닐 수 있는 좋은 학교에 들어갔다니 이보다 반갑고 신나는 일이 또 있을까. 아이들 때문에 기러기 가족이 된 딱한 사람들을 생각하면 춤이라도 추어주고 싶다.

딸도 칼리지에서 젊은 학생들과 어깨를 나란히 하는 학생으로 돌아갔다는 맑은 목소리에 부러운 생각이 들었다. 리포트를 낼 때마다 무던한 학점이 나왔다기에 행복한 해바라기가 된다. 지금은 무얼 하는 시간일까 헤아리기 일쑤다. 학교 갈 시간이구나. 집에 돌아와 운동갈 시간이겠지. 햇볕이 따사로운 공원산책을 하겠지. 이젠 잠잘 시간이구나. 마치 그곳에 함께 있는 듯 가깝게 마음이 달린다.

그곳 일요일이면 어김없이 화상전화로 딸을 만난다. 표정부터 살핀다. 밝은 모습에 명랑한 목소리가 실리면 시간 가는 줄 모르고 쌓인 사연들이 쏟아진다. 그런 수다를 떨다 말고 나는 문득 옛날 자식들을 유학시킨 엄마들 생각을 한다. 전화비마저 아끼느라 편지를 주고받았던 그 심정이 얼마나 안타까웠을까….

사위 연구소 동료들을 집들이에 초대한다는 소식에 조바심이 나서 가슴이 쿵쾅거렸다. 이내 한국의 수정과와 녹차, 김밥과 김치, 부침개 등등을 내놓아 원더풀 박수를 받았다는 소식이 왔다. 한국의 민간 외교라고 찬사를 보냈다.

손자, 손녀들이 과외에 시달리지 않고 자유롭게 뛰어놀 수 있는 여건이 얼마나 감사한지 딸에게 편지도 쓰고 이메일도 보낸다. 그런 날이면 하루가 짧기만 하다.

21층에서 내려다 본다.

노랗게 물든 가로수 사이로 가르마처럼 곧게 뻗은 샛길이 뽀얗다. 휘날리는 은행잎이 차곡차곡 쌓인다. 묵묵히 서있는 나무를 바라보다 말고 우리 둘째도 저 나무처럼 꿋꿋이 서 있겠구나. 세월만큼 나이테도 늘었겠지. 바람에 옷깃 여미는 덩그런 모습이 흐뭇하게 보인다.

부디 저 은행나무처럼 무성하여라. 먼 후일이 고단한 항해사들을 인도하는 등대로 우뚝 서거라.

2007. 11

# 김장

우리 집은 11월부터 12월 중순까지 김장을 한다. 11월 초순엔 총각김치를, 중순엔 갓과 파김치를, 12월 중순엔 배추김치와 깍두기, 동치미를 담근다.

그 중에서도 동치미에 특별히 신경을 쓴다. 배추를 소금에 저렸다가 씻어서 물기를 뺀 다음 배, 생강, 마늘, 당근, 밤 등을 채쳐서 석이버섯 등을 버무려 소금으로 간을 맞춰 배추 속에 고명으로 넣고 갓과 실파도 함께 넣어 실로 묶는다. 항아리에 무 한 켜 배추 한 켜를 섞바꾸어 켜켜이 쌓아 삼일 후 적당량의 소금물을 부은 후에 대 젓가락을 십자로 질러 돌을 눌러 둔다.

아삭거리는 총각김치, 얼큰하게 감칠맛 나는 갓김치, 시원하고

개운한 동치미는 우리 집 식탁의 기본 반찬이다.

시판하는 김치는 거의가 중국산인데 올해는 중국 발 멜라민 파동이 일어 가가호호 다투어 김장을 서둘게 되었지만 다행히 배추 풍작으로 값이 만만하여 한시름 놓게 되었다. 손녀 손자들까지 모든 가족이 내가 담가준 김치의 맛을 으뜸으로 아는 단골이기에 신이 나서 올해도 김장을 하게 된다. 여력이 있을 때까진 그렇게 열심히 담그리라.

90년대까지는 김장을 100~150 포기나 하였다. 광의 김칫독이 다 채워지고 창고에 연탄이 한 트럭 쌓이면 월동 준비가 끝났다. 지금은 김치냉장고가 있어 언제나 김치를 담글 수 있으니 얼마나 편리한가. 맛도 그대로 보존이 된다. '농가월령가' 에도 '농사 일 마쳐도 남은 일마저 하세. 무, 배추 캐어 들여 김장을 하오리라' 고 했듯이 김장은 옛날부터 연중 큰 행사였다.

김장은 김장거리들이 좋아야 한다. 무, 배추는 강바람 살랑거리는 사질토밭에서, 고명거리는 햇볕 잘 들고 바람 덜 타고 물 잘 빠지는 토실토실한 밭에서 자란 것이라야 한다. 어머니의 이런 주장 탓인지 우리 집 김장은 해물만 잘 사면 그만이라 했다.

김장철이 되면 함께 담글 이웃들과 순번을 정해 품을 사서 협력했다. 대개 3~4일 걸렸다. 배추, 무, 갓, 미나리, 파를 일꾼들이 발채지게로 하루 종일 집으로 옮겼다. 집에서는 다듬은 배추를 다섯 포기씩 묶었다. 이를 일꾼들이 다시 고샅 공동우물로 옮겼다. 품삯을 받고 온 아낙들은 깨끗이 씻어 미리 마련해둔 짚단 위에 널어 놓았다. 물기가 다 빠지면 또다시 집으로 옮겼다. 아낙들은 이를 항아리에 넣고 소금에 절였다. 다 절여지면 평상 위의 짚단에 올려 놓고 물기를 뺐다. 한편 아낙들은 무를 채 썰고 함께 넣을 파, 갓, 미나리, 청각 등을 손질하고 멸치젓 황새기젓과 백화들을 고춧가루와 버무려 배추 속을 만들었다. 마지막 날은 마당에 둘러 앉아 김치를 버무려 넣었다. 그것들은 뒷곁에 묻힌 수십 개의 크고 작은 독에 차곡차곡 넣어졌다.

김장하는 날은 작은 동네잔치가 된다. 친구들이 김치 가닥을 입에 넣으려다 얼굴에 범벅이 되어도 아랑곳하지 않고 신이 났었다. 집집마다 김치를 돌리느라 정신이 없었던 훈훈한 이웃정이 그립다.

김치는 채소를 소금에 담근다는 의미에서 침채沈菜, 팀채 또는 딤채로 불렀는데 나중에 짐치로, 마침내 지금의 김치가 되었다. 김치는 3000여 년 전 중국에서 저菹라고 불린 것이 삼국시대에 전래되어 고려시대를 거치면서 파나 마늘을 넣은 절인 김치와 동치미 등으로 다양해졌다.

조선 후기부터 오늘의 고춧가루가 첨가된 김치의 형태가 나타났다. 김치는 익으면 항균작용을 한다. 숙성하는 과정에 발생하는 젖산균은 좋은 맛뿐만 아니라 장 속의 나쁜 균을 억제하고 병원균을 차단한다. 김치는 육류나 산성식품의 과잉섭취에 따른 중독성을 없애고 성인병 및 암 예방에도 효과가 있는 것으로 알려졌다. 혈중 콜레스테롤을 저하시키고 장내 미생물의 분포를 정상화시켜 준다.

중국산 김치에서 기생충이 검출되고 멜라민 문제에 모두들 쇼크를 받아 집에서 김장을 서두른다니 반가운 일이다. 몇 년 전에 사스SARS가 온 세계를 휩쓸 때 우리나라만은 김치 덕으로 예외가 되어 놀라운 주목을 받았다.

영양학적 가치와 독특한 맛으로 인정을 받은 김치, 그 자부심으로 신세대들의 계승발전이 활발해졌으면 싶다. 자라나는 어린이와 청소년들의 입맛에 맞춘 퓨전 음식으로 김치버거, 김치과자, 김치김밥 등이 좋은 호응을 얻고 있다니 다행스러운 일이다. 어깨너머로 배운 딸들의 김치 담그는 솜씨가 이젠 베테랑이 되어 간다. 손수 김치를 담가 먹는 이 추세가 그대로 좋은 부활의 계기가 되었으면 한다.

나는 손자손녀들의 건강을 위하여 해마다 김치를 담근다. 아이들 모두 김치를 잘 먹어서인지 건강하게 잘 자란다. 김치를 담글 때면 막내딸과 손녀 세린이가 시식을 하며 간을 곧잘 맞춘다. 김치 버무리는 날에는 배추 속 쌈과 구수한 고기국을 먹는 오붓한 가족의 축제로 웃음꽃까지 만발하니 이 또한 김치의 미덕이 아니랴.

2008. 12

# 부모

문우 Y 선생이 출판한 에세이를 단숨에 읽었다. 가족 간의 화기애애한 내용의 글들이 가슴을 적신다. 부모 자식 간에 얽힌 사연들이 나를 돌아보게 한다.

나는 4 남매를 키웠다. 그동안 한 번도 힘들다는 생각이 들지 않았다. 그만큼 착하게만 자라준 아이들이 지금은 훌륭한 사회의 일원으로 가정에도 충실해 자랑스럽다.

자식이란 무엇일까. 항상 내 곁에 있다. 보이지 않는 끈으로 이어져 그들의 나날이 환하게 보인다. 나더러 자식사랑에 인생을 걸었다는 남편의 말이 싫지 않다. 아이들을 잘 가르쳤다는 친구들의 칭찬도 기분이 좋다. 지금은 내 곁의 친구가 되어 주는 세 딸, 아들은 그 울타리 같기만 하다. 어릴 때의 꿈이 잘 영글고 있다는 생각에 가슴이 따뜻해진다.

딸들은 하나같이 아이들을 키워보니 엄마생각이 절로 난다고 걸핏하면 전화다. 만두, 김밥을 쌀 때마다 엄마 생각을 한단다. 몇 개 빚기도 힘든데 엄마는 그 많은 식구를 위하여 얼마나 힘들었을까. 소풍 가는 날은 선생님들 도시락 준비하랴 할머니와 삼촌 몫까지 무려 60줄을 싼 어머니는 대단했다고.

그 옛날 아이들을 키울 때 나는 날마다 간식거리를 준비했다. 백설기, 밤, 약식, 만두, 팥밥 등. 형편이 어려웠던 시절이라 외식은 자장면이 고작이었다. 외출은 염두도 못 내었다. 아이들과 하루 종일 지냈다. 그래도  마냥 즐거운 마음뿐이었다.

4 남매가 결혼 후 10년이 넘도록 나는 그들의 즐거운 전화 목소리를 듣고서야 외출을 하였다. 이제는 뿌리를 내리고 생활 기반도 단단하다. 주객이 바뀌어 나를 걱정해주고 있다. 그런 시선을 받는 재미에 산다. 글을 쓰기 시작한 엄마를 자랑스러워하며 후견인 노릇을 한다. 다행히 한 동네에 산다. 날마다 그 집들을 맴돌며 운동하는 밤이면 훤히 켜진 그 불빛이 반갑다.  하루의 무사함이 그 빛 속에 있다.

내 아이들과 자유롭게 만나고 회식할 때마다 돌아가신 어머니 생각을 한다.  편모슬하의 장남에게 시집 온 나는 항상 친정어머님에 대한 일종의 회한을 어찌하지 못한다. 지금 살아 계신다면 무엇이든 다 해 드리는 효행을 할 수 있으련만….

어머니의 극진한 사랑이 내가 나름대로 자식들을 키운 모체가 되었다.

선비인 아버지 대신 가계를 묵묵히 이끌었다. 의대에 다닌 작은 아들을 위하여 한 섬지기가 넘는 밭에 고추를 심어 어려운 뒷바라지를 하였다. 붉은 고추를 말릴 때는 온 집의 온돌방에 불을 달구어 한 이틀 굴렸다. 그래야만 빛깔이 고와 제 값을 받는다 하였다. 철없는 나는 내 방이 덥고 매운 냄새가 싫어 투정을 부리기 일쑤였다. 그럴 때마다 간식을 주면서 등을 다독거려 주었다.

막내딸의 딸아이가 유치원에 갈 나이가 되었다. 손자 손녀 커가는 재미에 빠지지 않고 우리 부부의 홀로서기에 노력하리라. 그래도 4남매 모두 제자식들을 잘 교육시키고 떳떳한 부모로서 화목하기만을 바란다. 내가 그랬듯이 그들도 손자 손녀들의 버팀목으로서 대를 이어 가기를 희망한다.

어린 손녀 세린이, 윤경이는 2~3년은 내게 기쁨을 주겠지. 그 재롱을 벗 삼을 수 있겠지. 건강한 부모로 남아 그들이 신경을 쓰지 않도록 씩씩하게 지내리라. 규칙적인 운동을 하며 그들이 항상 마음 편안토록 이 자리를 지켜야겠다.

2004. 5

# 안식安息의 달月

외손녀 세린이가 미국 이모네 집으로 떠났다. 나는 7월 마지막 토요일부터 50여 일 동안 자유로운 나날을 누리게 되었다. 직장에 안식년이 있듯 나는 안식월을 맞이하게 된 것이다. 손녀는 그 동안 제 엄마가 학교에 나가는 날이면 우리 집에 와서 지냈다. 식사 때마다 음식을 가리지 않고 맛있게 먹는 모습이 우리를 뿌듯하게 하였다. 해오던 모든 일을 다 접고 집에 있는 할아버지와 함께 자주 외식도 하며 하루하루를 신나게 보냈다. 부득이한 경우, 우리는 서로 틈을 내서 외출하기도 했지만 쫓기면서 허덕거리다 무슨 일이 생길 것 같아 세린이가 오는 날은 아예 약속을 하지 않고 하루 내내 행동을 같이 했다.

우리는 안식의 달을 맞은 것 같았는데 막상 세린이가 떠나고 보니 그 이튿날부터 그가 보고 싶어졌다. 우리만 내내 마주 앉은 것 같았다. 갑자기 소일거리를 찾아야 했다. 자주 찾아와 이야기라도 나누는 자식이 효자라는 생각이 들었다. 오면 반갑고 가면 더더욱 반갑다는 흔히 하는 말과 달리 그동안 말벗이 되어준 손녀가 곁에 있어서 항상 활기찬 나날이 아니었나 싶다.

미국에서 전화가 왔다.

"꿈에 기운이 없어 보이는 할머니를 보았어요. 걱정이 되어 전화하였어요."

그래, 천륜의 흐름이 그런 것인가 싶다. 할머니가 몸이 편치 않을 때 어찌 11살짜리 손녀의 꿈속에 그렇게 나타날 수 있을까 가슴이 뭉클해진다.

하루 이틀 10일, 20여일이 지났다. 이제 25일이 남았다.

아무런 시간관념도 없이 그냥저냥 지냈다. 미국에서 사촌들과 즐겁게 뛰어노는 세린이와 덩달아 뒤뜰에서 뛰어노는 착각에 빠져 그곳의 두 딸과 손자 손녀들에게 마음이 달려갔다.

처음 며칠은 홀가분한 기분으로 이곳저곳을 서성거리며 구경을 하고 여행도 즐겼다. 이내 시간이 무료하기만 해졌다. 우리가 산다는 것은 젊음과 부딪치며 그것들을 바라보는 해바라기가 되는 것인가 보다.

미국 가기 전날 세린이가 가르쳐준 '방울꽃' 노래를 부르며 그를 기다린다.

종일 할머니와 같이 지내다가 제 집에 갈 때가 되면 "할머니 나 여기서 자고 갈래." 하던 목소리가 들리는 듯하다. 이제 초등학교 4학년, 중학생이 되면 바빠서 못 오겠지. 우리는 서로 마음을 달래며 위안을 삼는다.

'모든 일은 생각대로 된다' 는 말이 있듯이 공교롭게도 한 달쯤 더 머물 것 같던 예감이 맞아 떨어진다.

8년 여를 비가 오나 눈이 오나 옥탑방 모임에 열심히 나갔는데 뜻밖에 쉬게 되었다. 그 모임을 이끌고 있는 문우가 입원을 하는 사태가 발생해서다.

안식월의 연장에 엎친데 덥친 꼴이 된 것이다.

걸리적거리는 것이 없이 자유스러울 것 같았다. 쾌유를 빌면서 느긋한 충전을 도모했다. 여름밤의 낭만을 즐겼다. 모이던 화요일만 되면 이상한 상실감 같은 것이 느껴졌다. 긴 세월을 항상 웃는 낯으로 반겨 주었던 그 문우의 넉넉함이 더욱 절실하게 다가왔다.

기쁨과 어려움을 함께 나누다 보니 취향도 감성도 비슷비슷해진, 멀리서 오가는 좌장님도 문우의 쾌유를 손꼽아 기다린다. 글 읽는 소리를 좋아하고 다듬는 손길을 격려하는 모임이 하루 빨리 재개되기를 바랐다.

나는 옥탑방 창문을 통해서 북악산의 봄소식을 기다리고 시원한 여름 바람을 즐기며 울긋불긋한 단풍빛깔을 조용히 안곤 했다. 내 집처럼 편안한 분위기, 자연과 맞닿은 청량감을 떠올린다. 문우의 빠른 회복을 빌면서 모이고 싶은 아쉬움을 달래곤 했다.

안식일 안식월 안식년이 말 그대로 충전의 시간이 되어 도전하는 희열이 바로 인생의 보람이리라, 제자리를 찾아 다시 모이는 즐거움이리라.

마침내 세린이가 돌아오고 문우도 활발해져 제 리듬을 찾게 되었다.

나는 그 동안의 공백을 한 칸 한 칸 메우는 심정으로 오늘 전철을 타고 옥탑방을 찾는다.

2009. 8

# 어느 날의 소묘素描

낯익은 거리는 언제나 정겹다. 가로수 밑으로 리라꽃 향기가 은은하게 퍼진다. 대덕단지에 사는 둘째 딸 집에 큰애, 막내, 나까지 네 모녀가 모여 오랜만에 환하게 웃었다.

짐을 풀다 보니 둘째가 좋아하는 총각김치는 빠지고 배추김치만 두 통이 들어 있다. 당황해 하는 내 마음을 얼른 헤아려 둘째가 택배로 보내달라며 분위기를 바꾸었다.

딸들이 어느새 학부모가 되었다. 손자들이 학교에서 잠시 어디 여행이라도 떠나면 다들 "가슴에 찬바람이 일어나는 것 같아요." 하는 전화를 하기 일쑤다. 그 때마다 나는 "그게 자식 키우는 엄마의 마음이란다."하고 웃어준다. 앞서거니 뒤세우거니 하고 나들이를 할 때면 더없이 흐뭇했던 옛날에 젖어본다.

딸들이 출가한 후 비어있는 방들이 스산하여 그냥 베란다에서 서성거렸다. 챙겨가지 못한 옷들, 책, 화장품 구두들이 그대로 있어 여행이라도 갔거니 위안해 보지만 곧 현실로 돌아오면 허전하기만 하다. 따르릉 전화소리에 받으면 "엄마 내 검정 구두, 핸드백 있어?"하고 묻곤 한다. "있고 말고."하면서 말없이 챙겨 주는 즐거움이 쓸쓸했다. 요즈음은 매사를 능란하게 처리하는 그들의 부탁이 없어 무엇보다 소중함을 잃어버린 것 같기도 하지만 그보다는 더욱 평온한 마음이 든다.

딸들은 자식들에 대한 정성이 지극하다. 반장, 회장이 된 손자들의 뒷바라지에 바쁜 딸들을 보면 옛날 나도 저랬던가 싶다. 이젠 친구처럼 지내는 딸들, 그들에 대한 욕망과 기대도 나이에 따라 다름을 느낀다. 늘 동생들에게 모든 것을 양보했던 개성이 강한 큰애, 중년에 접어들면서는 절친한 친구 같다. 큰딸은 살림밑천이라고 축하 받았던 그대로다. 둘째 셋째에게 양보하며 여전히 너그러운 큰애가 늘 믿음직스럽다. 저 혼자 컸다고 큰소리치는 큰애가 대견스럽다.

친정집 행사 때면  딸들은 손자들의 주위만 맴돌다 가기 일쑤인데 오늘은 오롯이 옛날처럼 재잘거린다. 같이 자랄 때의 이야기들로 한껏 동심에 젖었다. 형제의 우의가 새삼 보기에 좋았다.

딸들의 목소리를 듣고 싶을 때는 주저하지 않고 현관 벨을 누른다. 한 동네의 골목길에서 심심찮게 스치곤 하면서도 와락 보고 싶을 때가 있다. 며칠 전 셋째 집에 급히 가는데 젊은 엄마가 무슨 소린지 중얼거리며 앞서 가고 있었다. 영어 몰입 시대라더니 영어단어를 외우나 보다 무심히 지나치는데 갑자기 "엄마, 딸도 모르세요." 하는 큰딸의 목소리이다. 메모지를 읽으며 물건을 사고 있었다. 한참 웃고 헤어졌다. 둘째 딸은 아빠 닮았다고 놀려대면 엄마 닮았다고 우겼던 시절이 어제만 같다. 이젠 제각기 매사를 자신 있게 처리한다. 둘째는 매사에 진취적이며 정이 많은 딸인데 멀리 살고 있어 늘 아쉬운 마음이다. 막내는 우리 집에 수시로 드나들면서 비서처럼 모두 도와준다.

동네에서 간혹 식료품을 아들과 첫째 셋째 집에 배달시킬 때가 있다. 언젠가는 그 집 동과 호수를 잘못 적어준 일이 있었다. 배달하는 사람이 헤매고 다니다 결국 전화로 확인한 후에야 제대로 전해지기도 했다. 같은 식당에서 식사한 후 카운터에서 만나 서로 카드를 내려고 실랑이 한 일도 자주 있곤 한다. 주위를 맴돌았던 자식들은 제각기 뿌리를 내리고 있다. 만나기만 하면 옛날의 이야기가 실타래 풀리듯 끝이 없다.

그 시절에는 자가용이 있는 집이 별로 없었다. 아이들과 외출할 때는 택시 타는 일이 어려웠다. 식구가 많아 멈춰 주지 않았다. 두

명은 일행이 아닌 것처럼 좀 떨어져 있다가 택시가 속아주면 기습적으로 합승을 했다. 어린이날 대공원에 갈 때는 가족 모두가 새벽부터 출발했다. 구경하고 집에 돌아올 땐 종로에 있는 대려도란 큰 중국집으로 갔다. 자장면과 탕수육은 어린이날의 특별 메뉴였다.

남편에게 회사에서 차가 나왔다. 아이들은 뛸 듯이 기뻐했다. 이제 숨어서 택시타지 않아도 된다고 좋아했던 날들…. 어느 해에 온 가족이 대천해수욕장엘 갔다. 수영복, 소지품을 차에 두고 내려 황당했다. 다행히 버스회사에서 다음 차로 보내주어 즐겁게 휴가를 보냈다. 아들은 바닷가에서 알게 모르게  항상 딸들의 보디가드 역할을 하였다. 누나, 동생들이 먼 바다까지 수영하다 인파 속으로 사라지곤 했다. 그럴 때마다 아빠에게 혼났다고 아들은 폼을 재며 회고한다. 지금도 아들과 며느리는 우리의 튼튼한 울타리가 되어 준다.

세 딸은 친구로 집안의 잡다한 일을 도맡아 처리한다. 챙기는 성의와 안목이 엄마를 젊게 한다. 그들이 내 도움을 청하지 않는 것은 순리 일시 분명하지만 때론 소외감 같은  섭섭함이 솟구치기도 한다. 나이 탓일까?

딸들과 나란히 거리를 걸었다. 온천에서 피로를 훨훨 벗고 즐겁게 보냈다. 아이들이 대학에 합격해서 기뻤던 그 시절처럼 알찬 일상을 맞이하리라. 아직도 너희들의 급한(통통 튀는) 부탁을 듣고 싶은 엄마는 부탁할 게 없으면 응석 전화라도 자주 걸어주기를 기다린다.

2001. 4

# 여덟 빛깔의 꿈나무

나의 정원에는 여덟 빛깔의 꿈나무들이 곱게 자라고 있다. 봄 여름 가을 겨울, 계절에 걸맞은 변모가 싱그럽다.

여덟 명의 손녀 손자들의 환한 미소는 그대로 나의 희망이요, 기쁨이다. 50억 사람들 가운데 선택된 혈연임을 생각하면 무엇과도 견줄 수 없는 귀한 보배들이다.

내리사랑이라는 말이 있다. 퍼내도 퍼내도 마르지 않는 샘물처럼 여덟 빛깔의 너희에게 모든 것을 다 주고 싶고 마냥 안아주고 싶다.

아장아장 걸었으면 재잘재잘 말을 했으면 유치원에 빨리 다녔으면 초등학교, 중고등학교는 언제 가나 기다리는 그 세월, 그 염원이 내가 살아가는 힘이었다.

너희들 어릴 적에 차례대로 이곳저곳 구경 다니며 맛있는 음식 나누어 먹고 놀면서 할머니 집에서 같이 살았으면 좋겠다는 너희들 마음이 나의 가슴에 그대로 자라고 있다.

어느새 할머니 키보다 훌쩍 커버린 한 아름 나무들, 듬직한 미래에 도전하기를 언제나 기도한다.

갓 태어날 때의 설레임을 적은 일기장을 이따금 본다.

형준이, 동준이, 현민이, 동규. 동욱이, 민지, 세린이, 윤경이 서로 서로 도우며 든든한 울타리가 되어야 함을 염원하고 있다.

이지적인 민지, 수려한 세린이, 귀여운 윤경, 발랄한 세 공주들, 듬직한 형준, 동준, 현민, 동규, 동욱이 바라만 보아도 마음 부자가 된다고 적고 있다.

2010. 1

# 얼굴

일요일이면 아들 내외와 다섯 살 동준, 세 살 동규의 재롱이 거실에 웃음 꽃을 활짝 피운다.

아파트 뒤쪽의 고가도 밑에서 덜거덕거리는 전동차 소리를 들을 때면 네 귀를 쫑긋 세운다.

"기차 간다. 할머니 기차 타러 가요."

애교를 부린다. 용산에서 성북역을 오가는 국철은 탁 트인 강변길을 다닌다. 신기해서 두리번거리는 아이들의 얼굴에 연신 뽀뽀를 해준다. 해맑은 평화가 스며든다.

"기차 많다."

하나 둘 셋, 연신 손가락을 꼽는다. 문이 열리고 닫힐 때마다 출발 오라잇 하고 손을 올린다. 장난감 기차를 끌던 포만감인양 흥분된 표정이다.

두어 시간을 오가다보면 달덩어리처럼 환해진다. 어느새 나도 손자들을 닮아간다. 혼곤히 잠이든 손자들을 안고 '그 이상을 바라는 것은 과욕이겠지.'

1987. 8

## 동준아

우리 동준이가 벌써 중학생이 되다니 할머니는 참으로 기쁘단다. 공부도 열심히 하고 마음도 차분해져 네 일을 스스로 잘 마무리 한다니 정말 좋구나.

항상 밝게 곧게 잘 자라라. 할머니 할아버지가 가장 좋아하는 동준아, 중학생 됨을 축하한다.

2006. 2

## 동준이의 피아노 연주회

초등학교 때 연주회 초대장을 받고 마음 설렜다. 브람스의 맑고 경쾌한 왈츠의 음률에 할머니는 즐거운 소녀시절로 돌아가 얼마나 흐뭇했던지.

태권도 품띠를 딸 때의 감격을 잊지 못한다. 할머니 키보다 훤칠한 너를 바라만 보아도 마음이 넉넉해진다.

갈수록 치열해지는 입시 전쟁과 과외 열풍에 할아버지와 할머니는 걱정을 하지만 너를 철석처럼 믿고 기다린다. 책을 많이 읽어 글로 잘 표현하는 너의 감성을 잘 살렸으면 한다.

남을 배려하는 마음이 돋보인다니 믿음직스럽다. 두 살 터울의 동생 동규와 언제나 다정한 친구처럼 놀아준다니…. 어린 동욱이도 엄지손가락으로 큰형을 꼽는다. 지금이 앞날에 가장 중요한 시기다. 네 스스로의 노력이 장래 너의 밑거름이 될 것이다. 열심히 노력하거라.

2010. 10

# 둘째 손자 동규

할아버지와 할머니가 유럽 여행 중일 때 동규, 네가 태어났다. 로마에서 기쁜 소식을 듣고 19명의 일행과 와인을 터트렸다. "브라보!" 기분 좋은 밤이었다. 여행이 기쁨으로 들떴다.

예정일보다 12일이나 앞선 출생이어서 한국에 돌아온 후에야 너를 안았다. 눈망울이 초롱초롱 잘생긴 인상이었다.

네 아빠가 홀로 자라서인지 너희 두 형제를 끔찍이도 사랑했다. 아들 귀한 집안이라고 증조할머니가 좋아하셨다.

1995. 6

## 책을 좋아하는 동규

어릴 때부터 동규는 무슨 일이나 스스로 묵묵히 하는 아이였다. 건강하고 듬직해 믿음직했다.

수학 경시대회준비에 하교하면 바로 학원으로 달려갔다. 아빠보다 큰 키를 보면 세월이 빠르다는 생각이 든다. 형이랑 견주면서 무럭무럭 자랐다.

우직하리만큼 개성이 강했다. 그러나 매사를 차분히 처리해 큰 실수가 없는 편이다.

독서를 좋아한다. 꽤 해박한 지식으로 주변을 놀라게 하기 일쑤였다. 7살 때 장래 희망은 과학자였다. "할머니 산소보다 가벼운 것은 무엇이에요?" 나는 얼른 구름이라고 대답을 했다. 자신이 없어 막내 고모에게 확인하니 수소라 하여 바꾼 일이 있었다. 어릴 때부터 지구가 돌고 달이 뜨는 이치를 자세히도 알고 있는 어린이였다. 생일 케이크의 촛불을 끌 때면 산화질소가 생긴다고도 했다. 수학과 과학을 좋아하는 네가 꼭 과학자가 되기를 빈다. 내년이면 고등학교 학생이 되는 동규야, 총명한 두뇌로 공부를 더욱 열심히 하기를….

2010. 9

# 둘째손자 동규

할아버지와 할머니가 유럽 여행 중일 때 동규 네가 태어났다. 로마에서 기쁜 소식을 듣고 19명의 일행과 와인을 터트렸다. "부라보!" 기분 좋은 밤이었다. 여행이 기쁨으로 들떴다.

예정일 보다 12일이나 앞선 출생이어서 한국에 돌아온 후에야 너를 안았다. 눈망울이 초롱초롱 잘생긴 인상이었다.

네 아빠가 홀로 자라서인지 너희 두 형제를 끔찍이도 사랑했다. 아들 귀한 집안이라고 증조할머니가 좋아하셨다.

1995. 6

# 우리 아가

막내 손자 동욱이가  태어난 지 3개월이 되었다. 아들은 녀석이 고개를 가누고 옹알이를 할 때면 곧 말할 것 같다고 하며 얼굴에는 웃음이 넘친다. 아기를 보면서 과장한 듯하다. 제 아빠더러 그 자랑을 그대로 또 한 번 해보라 하면 그런 일이 언제 있었냐는 듯 다른 행동을 한다. 모두가 그냥 웃는다. 우리 가족들 모두가 함박 웃고 한 아름 보물을 얻은 듯하다.

조용할 때 동욱이를 그려본다. 할머니를 아는 듯 녀석은 방글방긋 웃는다. 내가 안고 있을 때 다른 사람들이 오라고 손을 내밀면 고개를 돌린다. 기쁨을 한 아름 안는 것 같다. 일주일에 한번 정도 안아보는데도 할머니를 알아보는 것 같아 신명이 난다.

"고놈 참 잘 생겼다." 할아버지의 웃음도 끊이지 않는다. 날마다 동욱이 보러 가자고 성화다. 하루 내, 회사에서 일하고 온 제 엄마가 좀 쉬어야한다며  나는 할아버지의 발길을 붙잡기 일쑤다.

이제 6개월이 되었다. 유모차를 태우고 동네를 한 바퀴씩 돈다. 시원한 바람을 쏘이려 마실을 가고 할머니 집에도 온다. 나는 녀석이 자주 오기를 기다린다.

온 집안이 쌓이는 장난감에 발 디딜 틈이 없다 정신도 없다. 그래도 마냥 좋아 까르르 웃음소리가 떠나지 않는다. 한참 공부해야 할 중학교 3학년, 1학년 형들에게 함빡 웃음을 보내면 그들도 동욱이 옆에서 눈을 떼지 못한다.

몸을 뒤집는다. 조금 있으면 기어 다니고 또 벽을 잡고 일어서겠지.

돌이 지나 아장아장 걸게 되면 할머니와 동네 놀이터에 가서 마음껏 놀게 되겠지.

우리 집의 귀염둥이 동욱이 무럭무럭 자라다오.

웃음소리, 울음소리가 가득한 우리 집 아가야, 어디서 왔니?

네가 스무 살이면 우리가 아흔 살이 되어 있겠다.

그래도 귀엽기만 하다. 건강하게 씩씩하게 자라다오.

2008. 5

# 형준이

27년 만에 아기 울음소리와 웃음소리가 집안에 가득 찼다.

형준이가 오는 날은 외할아버지 삼촌, 두 이모들, 모두가 서둘러 귀가했다. 식구들은 서로 시새워 안아 보고 뉘어보고 쭉쭉 다리운동을 시킨다. 서서 어르기도 하면서 세상 부러울 것 없는 분위기가 형성된다.

제 엄마 아빠가 여행이라도 떠난 날은 할아버지와 할머니랑 함께 백화점에도 가고 동네도 다녔다. 우리는 보물을 안은 양 당당했다. 한강고수부지에서 야외 미사를 드릴 때면 두 돌 지난 아가가 성호를 긋고 "아멘"을 곧잘 하였다. 그 장소만 지나게 되면 아멘을 되뇌었다.

예방주사를 맞히러 간 날 나는 깜짝 놀랐다. 다른 아이들은 엎디어 키웠는지 모두가 갸름한 얼굴인데 형준이만 얼굴이 얼마나 컸던지 민망했다. 집으로 돌아 와서 바로 엎어 재웠다. 한 달이 지나니 두상이나 얼굴은 갸름하게 미남이 되었다.

1991. 5

# 군대에 가는 날

어린애로만 여겼던 외손자 형준이가 군에 입대하는 날이다.

난생 처음 집을 떠나서 부모 형제 친척들과 떨어져 모든 일을 상사의 명에 따라 책임을 다하며 지내게 되었다. 벌써부터 마음이 움츠러들고 물가에 아이를 내 보내는 심정이 된다. 본인은 아무 일도 아닌 듯 가는 날까지 학원에도 나가며 초연했다. 대견스러웠다.

논산으로 출발하는 날도 친구와 둘이서만 당당하게 입소했다. 27년 전 우리집 첫아기 울음소리에 부러울 것이 없었던 날의 추억, 초롱초롱한 눈망울 카랑카랑한 웃음소리에 그만 해바라기가 되었었다.

책임감이 강하고 사려가 깊은 형준이는 국방의 의무에 충실할 것이라 믿는다. 매사에 책임을 다한 청년이 되었으니…. 대학도 수월하게 합격하여  부모의 노고와 학교의 가르침에 노상 감사했었다.

8월에 면회갔다온 네 엄마 아빠가 너무나도 편안한 얼굴이어서 할머니도 안심했다. 서울에서 복무하게 되었다니 네가 있는 곳을 향하여 기도한다. 군복무에 열심하고 항상 건강한 가운데 더욱 인내를 키워라. 제대하는 그날까지 너의 부모에게 더욱 굳센 모습을 주기를. 할머니가 날마다 기도한다.

2010. 9

# 첫째 공주

민지는 첫 손녀다. 손자 셋을 안은 후에 처음 안아보는 손녀이다. 할머니가 안으면 가슴에 폭 싸인다. 방글거리는 예쁜 입술 오똑한 콧날, 빛나는 눈, 항상 방긋방긋 웃는 모습이다. 재울 때 자장가를 부르면 곧 눈을 감고 잠이 들었다. '잘 자라 우리 아가' 를 조용하게 부르면 바로 눈을 감은 아가가 큰 소리로 '앞뜰과 뒷동산에' 하고 활짝 웃으며 할머니를 놀리곤 했다.

3개월 때 쯤 감기를 앓아 병원에 입원했다. 폐렴이라 했다. 엄마와 할머니는 어린 너에게 주사바늘이 안타깝기 그지 없었다. 그때를 생각하면 지금도 마음이 짠하다.

초등학교 다닐 때는 할머니 집에서 너희 집으로 돌아가야 할 때면 현관에서 "안녕히 계세요." 하고 인사를 했다. 같이 살지 않으니까 할 수 없지 하면서도 그대로 서서 서운함을 달래곤 했다. 그래도 18년 여를 같은 지역에서 함께 보낸 시간들에 감사한다.

너를 위해 기도해야 할 일이 참으로 많다. 벌써 고 2학년이 되어 밤늦도록 열심히 공부하는 손녀, 건강하게 자신의 꿈을 이루고 가고 싶은 대학에 꼭 합격하기를.

그날이 오면 또 가족들과 여행을 떠나자. 2010. 8

## 중학교 입학을 축하한다

민지야, 중학생이 될 너를 상상하면 참으로 좋다.

자기 일을 스스로 잘하고 무슨 일에나 끈기가 있어 주위의 칭찬을 받을 때면 할머니는 마냥 기쁘다.

입학은 다시 시작하는 과정이란다.

학창 시절을 건강하게 보내야한다. 네 엄마 아빠도 그 시절을 열심히 노력하고 인내를 배웠단다.

진심으로 입학을 축하한다.

2006. 2

# 현민이

네가 태어난 날은 무더운 7월 달이었다. "아들이에요." 그 우렁찬 울음소리에 온가족은 함박웃음을 웃었다.

그 달에 네 아빠는 대덕 연구소로 발령이 나서 임지로 떠났다. 할머니 집에서 2개월을 넘게 같이 지냈다. 자고 일어나면 울음소리가 어찌나 우렁찬지 우유병을 얼른 입에 넣어야 멈췄다. 네가 울기만 하면 할머니도 너를 보아주는 작은할머니도 당황하였다. 우유를 탈 때면 뜨거운 물 식히랴 기저귀를 갈아주랴 안고 얼리랴 얼마나 바쁘던지. 2개월이 지나니 순하고 건강한 아가로 무럭무럭 자랐다.

네 엄마도 대전 학교로 옮겨 대덕에서 너희 셋이서 살았다.

집안의 행사마다 자주 만나서 얼마나 흐뭇하던지 그 해 9월에 동준이, 또 12월에 민지가 태어나 동갑나기 삼총사로 사이좋게 지냈다.

1993. 9

# 미국에서 만나

너희들 식구들이 미국으로 떠나는 날 온가족들은 축하하면서도 자주 만날 수 없어서 얼마나 서운했던지…. 그러나 글로벌 시대에 좋은 환경에서 너랑 윤경이가 공부를 할 수 있다는 것이 위안이 되었다.

일반전화도 자주 받지만 화상전화로 얼굴을 보게 되면 더욱 안심이 되었다. 그동안 너의 아빠는 이민을 계획했던지 현민이를 중학교 2학년 때까지  학원에서 회화를 익히도록 했다. 그 결과 미국에서 곧 바로 학교에 잘 적응한다는 소식을 듣게 되었다.

할아버지 할머니가 미국에 가서 많은 시간을 보낼 때 의젓하고 자신감 있는 현민이가 자랑스러웠다. 스스로 자기 일을 하고 잘 적응하여 안심이 되었다. 10년이나 나이터울이 있는 여동생 윤경이를 자상하게 돌보고 한편 육상선수로서 끈질기게 노력하는 것을 보고 뿌듯했다. 현민이가 그림그리기, 피아노, 농구 등 취미활동을 마음껏 할 수 있는 그 곳의 교육환경이 너무 부러웠다. 한국의 고등학교학생들은 입시준비에 너무 시달리고 있는데 말이다.

고3이 되었으니 열심히 공부하여 가고 싶은 대학에 꼭 합격 하여야 한다. 대학생이 된 후 한국에 오거라. 민지 동준 군인 아저씨인 형준이 형도, 동생들인 동규, 세린, 동욱이랑 모두 너를 기다린다.

2010. 5

# 윤경이

새 생명은 축복이다. 엄마가 딸 갖기를 소원하더니 아들과 10년 터울인 너를 안고 매우 행복하다고 했다.

언제 클까, 걸어 다닐까 조바심이었는데 네가 한밤 자고 나면 쑥쑥 두 밤이 지나면 두리두리 귀염둥이로 잘 자라주었다.

대전에서 서울에 올라오면 할아버지랑 같이 너를 유모차에 태워 아파트 주위를 몇 시간이고 돌곤 했다.

세 살이 되니 샘쟁이가 되어 모든 사람의 사랑을 독차지 하려고 애교를 부렸다. 언니인 세린이와는 잘 어울리고 잘 놀았다.

할아버지 할머니 무릎 위에 세린 언니가 앉아보면 마구 시샘을 하였다. 언니가 살짝 양보하면 얼굴이 금방 환해졌다.

이모부가 미국에 연수차 떠나게 되었다. 세린네가 2개월 먼저 미국으로 떠나고 윤경이네가 두 달 후 이민을 가게 되어 있어 외갓집에서 자주 만났다. 언니가 없으니 할아버지 할머니 무릎에 앉을 생각은 아예 하지 않고 애교도 부리지 않고 혼자서 잘 놀아 얼마나 웃었는지.

이제는  예쁜 소녀가 되었다. 항상 집안의 꽃으로 잘 자라라.

2006. 6

## 윤경이 어린 시절

윤경이는 유치원시절부터 미국에서 살았다. 영어에 대한 장벽은 고사하고 얼마나 발음이 좋은지. 본토사람보다 혀를 더 잘 굴린다고 현민 오빠가 놀려대면 더욱 신이 나서 막힘없이 잘 했다.

잠시 미국에 체류하는 동안 윤경이는 방학 중이어서 날마다 할머니와 즐겁게 보냈다. 함께 여행을 할 때는 반드시 안전벨트를 챙겨주었다. 쇼핑도 하고 맛있는 음식 먹으며 얼마나 많은 이야길 나눴는지 모른다. 너희 동네의 친구들과 풀밭을 맨발로 달리면서 활짝 웃던 표정을 잊을 수 없다. 윤경이를  보면 할머니 어릴 때 동무들과 산으로 들로 뛰어놀던 일이 다시금 살아난다.

할머니가 옛 동무를 그리워하면 고향이 저절로 따라오기 때문일 것이다.

꿈을 높게 꾸며 하고 싶은 일을 마음껏 할 수 있는 능력을 키우며 항상 건강하게 자라기를.

2007. 7

# 세린이

세린이가 두 돌이 지나니 말을 또박또박 곧잘 한다. 조그마한 아이의 뇌리에서 그만한 연관이 얽히는지 신묘하다. 어리광도 때와 장소에 따라서 달리한다. 예쁘고 젊은 사람을 한결 좋아한다. 새 얼굴에 더 신명이 더 나는 것 같다.

크레파스로 그림을 그린다. 사람의 형상 비슷하게 그리면 저마다 우리대로  해석하기 바쁘다. 직직 그은 줄이 바나나처럼 그어지면 천재가 났다고 모두들 기뻐한다. 나날이 향상되는 기억력에 감탄하기 일쑤다.

하루 종일 할머니와 놀다가 제 집으로 돌아갈 때면 언제나 울고 간다.  그러나 집만 나서면 다시 명랑해져 안심이 된다. 3 년이 지나니 '당연히' 란 말을 배워 누구에게나 당연히 더 좋다는 말을 한다. 네, 아니오 의사가 뚜렷하다.

공원에서 에어로빅 운동하는 것을 보면 그대로 흉내를 낸다.

2002. 5

# 세린아 졸업을 축하한다

세린아 유치원 졸업을 축하한다. 예쁘고 밝게 자라 정말 고맙다. 아빠 엄마 말씀 잘 듣고 열심히 잘하니 할아버지 할머니는 더없이 기쁘다. 할머니 집에 자주 놀러 와야 한다. 백화점도 자주 가고 공원도 자주 가자. 공부도 잘하고 피아노 영어 미술 등 모두 열심히 하기를!

2006. 2

# 우리 세린이

가까이 살 땐 금방 달려오던 세린이가 멀리 미국으로 간지도 벌써 8개월이 되었다. 만나고 싶을 때면 아침이고 밤중이고 가리지 않았던 것이 우리들의 낙이었나 보다. 마음 한 구석이 텅 비어 서성거려지는 버릇이 생겼다.

막내딸이 결혼 후 학위 준비하느라 연구실에서 밤샘하기 일쑤였다. 그 때마다 나는 딸집에서 갓난아이를 돌보았다. 그래서인지 세린이하면 유난히 마음이 새로워 지나간 날이 불현듯 달려든다.

돌이 지난 후부터 세린이는 내가 집으로 돌아갈 쯤이며 음식 냄새가 나는 그림책을 펴고 귤을 가르키며 사달라고 했다. 파인애플 사과, 수박 그림도 손가락질했다. 어떻게 귀여운지. 나는 다음날 아침이면 한 보퉁이씩 안고 갔다.

세린이가 세 살 때 할머니 집 곁으로 이사를 왔다. 같이 백화점에도 자주 갔다. 날마다 만나는 재미에 흠뻑 빠졌는데 그만 미국으로 가게 됐다. 초등학교 앞을 지나가게 되면 하교 시 교문에서 기다렸던 일이 겹친다. 뒷모습이 비슷하여 따라가 보면 손녀가 아니다. 피아노 학원 차가 지나도 우두커니 서 있곤 했다.

학교에 잘 다니고 있다 한다. 미국 친구들과 소꿉놀이하러 집에도 온다니 영어로 재잘거릴 세린이를 상상하면 신기하기 이를 데 없다. "고마워."하는 한국말을 배운 친구들이 엄마가 준 과자를 받고 "고마워." 반말을 하여 깨물고 싶었다는 딸의 전화를 받으면서 우리는 모두 깔깔 웃었다. 아이들이 제집으로 갈 때 또 "잘 있어." 하며 손을 흔들더라나! 딸은 세린이에게 "고맙습니다. 안녕히 계세요."를 가르쳐주었는데 그일로 며칠 동안 웃었다 한다. 우리 세린이가 민간사절이라고 칭찬해 주었다.

올 날을 기다리면서 그 동안에 먹고 싶은 음식을 적어보라고 했다. 제일 먹고 싶은 음식은 동부 이촌동 21층 '오냐식당' 이라 한다. 어릴 때부터 귀여워서 오냐 오냐 한 할머니를 지금도 오냐 할머니로 통한다. 음식을 다 적어보라하면 화상에서 생긋 웃는다.

2007. 3

# 추억의 뒤안길

잠을 이루지 못할 때가 있다. 그 때마다 나는 베란다에 나가 강변의 찬란한 네온사인의 불빛을 따라 달린다. 환한 불빛 너머로 관악산의 컴컴함 뒤안길이 달려온다. 마음속의 무거운 짐들이 안개로 피어오른다.

50년 가까이나 지나버린 그때는 어려운 시절이었다. 수 년 동안 차곡차곡 저축한 돈을 A 자동차회사에 투자하여 제법 큰돈을 모았으나 몇 년 후 회사의 부도로 다 날아갔었다. 새 출발하는 계기로 남편의 직장을 따라 서울로 이사하였다. 떠나는 날 막내딸을 전송하러 온 친정어머니를 생각하면 늘 마음이 무겁다. 왜 그 때 홀로 완행열차를 타고 갈 어머니의 심정을 헤아리지 못하였을까. 특급 기차표 한 장 마련할 여유도 없었던 탓이었을 것이다. 그 불효가 절절해진다. 한강을 바라보면 어머니에 대한 그리움이 싸하게 밀려온다.

막내딸이 넓은 아파트에서 잘사는 모습을 보고 싶어 했을 텐데 왜 그런 생각을 미처 못 했을까. 고령이어서 행여 편찮을까 싶어 함께 가자는 말도 못하고 어머니의 눈길을 피하기만 했으니…. 이런 딸을 넉넉한 미소로 다독거린 어머니를 생각하면 울컥 마음이 아파온다.

졸업 후 다른 길을 걸어간 친구가 웃고 있었다. 나는 잘 지내라는 말과 더러 만나자는 말을 끝내 하지 못했다. 이젠 소식조차 들을 길 없는 그 친구가 추억의 저편에서 달려온다. 차 한 잔 나누지 못한 아쉬움을 친구도 이해할까, 야속해 할까?

마음이 먹구름에 싸인다. 곰곰히 생각하면 가슴을 아프게 했던 후배의 얼굴이 맴돈다. 아파트가 이곳저곳에서 죽순처럼 솟아오를 때였다. 투자하라는 친지의 권유에 남편도 모르게 아파트를 두어 채 사두었다가 팔 생각을 했다. 후배에게도 현장을 안내하였다. 욕심을 낸 그도 하나를 선택하였다.

1년을 지나고 보니 완전 2중 계약의 사기였다. 목이 타게 쫓아다녔지만 어쩔 수 없었다. 둘째 딸이 고 3이어서 나는 그 일에만 매달릴 수 없어 완전히 포기하였다. 후배는 언니 땜에 손해가 크다며 절친한 사이가 멀어졌다.

소식 없이 수십 년이 지났다. 고시에 합격한 아들과 승승장구 승진한 남편과 행복하게  알콩달콩 산다는 소식을 바람결에 들었다. 마음으로 축복을 보냈다. 그런데 어느 날, 2년 전부터 의식을 잃고 사경을 헤맨다는 소식이 들려왔다. 위문해야지 해야지 하면서도 머뭇거리다 그를 끝내 떠나보냈다.

지금도 그의 해맑은 얼굴을 닮은 사람이 스치면 나도 모르게  뒤쫓아 간다.

철부지 시절 별로 친숙하지도 않으면서 폐를 끼친 고향사람들, 떠나 온 후 아직 무거운 마음을 벗지 못하고 회한을 안고 산다. 이래저래 변해버린 고향을 여직 찾아가지 못하고 있다.

왜 그리도 부질없는 욕심에 버둥거렸나 싶다. 어물거리다 하여야 할 일을 하지 않았던 회한을 새로운 도전으로 삭여보리라.

잠이 오지 않는 날이면 한강변의 불빛 따라 지나가버린 사연들을  되새기게 된다. 아직도 내 앞에 놓인 미완의 세월이 소중한 자산이거늘, 퇴색한 추억의 편린들이 더 보물처럼 느껴지는 것은 무슨 조화란 말인가.

2008. 9.

# 평온한 마음의 뜰

미국에 간 딸의 집을 세를 놓아 살림살이를 모두 우리 집 창고에 보관하였다. 다른 세간도 세간이지만 보통 크기의 두 배나 되는 침대 매트리스가 문제였다. 할 수 없이 내 방 침대를 책상 앞으로 끄집어 내고 그 매트리스를 벽에 바싹 붙여 세웠다. 방이 협소해질 수밖에. 문을 닫으면 매트리스가 듬직한 방음벽이 되어 공간을 한결 아늑하게 해준다.

그 방은 내가 필요한 물품들이 여기저기 놓여 있다. 누구의 간섭 없는 나만의 자유로운 공간이다. 책장에는 제법 많은 책이 꽂혀 있다. 책에 빠져 있을 땐 나도 모르게 마음의 부자가 된다. 컴퓨터 앞에 앉으면 화상전화에 나타나는 둘째 딸과 막내딸의 목소리가 언제나 반갑다. 손자, 손녀들의 재잘거림도 봄날처럼 아가자기하게 핀다. 머나 먼 미국에서의 일정을 훤히 바라본다. 아침저녁의 음식까지도 다 볼 수 있어 안심을 한다.

침대 위에 누워서 휴식을 취하면 더없이 흐뭇하다. 혼자만의 무아경에 빠진다. 글을 쓸 때면 남편은 끝날 때까지 거실에서 혼자 보낸다.

방이 많은 집에서 살 때도 나는 내 방의 필요성을 그리 느끼지 못했다. 네 아이의 자라나는 모습에 마음을 모두 빼앗겨 방에서 혼자 사색하고 책 읽고 하는 일은 엄두도 내지 못했다. 오로지 아이들을 편하게 돌볼 마음뿐이었다.

이제는 그들이 모두 성가해서 뿌리를 내렸다. 거기 살았던 시간과 공간을 되찾아 나의 방을 마련케 된 것이다. 옛날 어릴 적 나의 방을 생각하면 그 잊어버린 정감의 실마디가 조금씩 풀어진다.

고향 집에서는 아늑한 내 방이 있었다. 희미한 호롱 불 밑에서 밤을 지새우며 책을 읽었다. 좁은 문, 젊은 베르테르의 슬픔, 상록수 등등. 소설을 마구 읽어대고 시는 무조건 암송했다. 그런 날들이 이제 다시 다가와 나를 한없이 즐겁게 한다.

방문을 활짝 열면 마당가에 철따라 꽃들이 흐드러지게 피었다. 마당을 가로 지른 긴 빨랫줄에는 언제나 깨끗하게 빤 하얀 빨래가 나붓거렸다. 달밤이면 무성한 감나무 잎들이 창호지 문에 전설처럼 춤을 추었다. 나뭇잎이 바람에 구르고 귀뚜라미가 여리게 우는 밤에는 잠 못 이루기도 했다. 사근거리며 함박눈이 내리면 지향 없이 쏘다녔다. 그럴 때 온 몸을 녹여주던 고향집의 훈훈한 방들, 그 방에 누워 밤새 도란도란 얘기를 나누던 친구들이 달려온다. 날마다 꼬불꼬불한 골목길을 잘도 뛰어다니다 돌아와 어머니 품처럼 안기곤 했다.

옛 선비들에게 독서는 필수였다 한다. 계곡谿谷 장유張維의 '작은 서재 창 밝아오는 그때가 제일 좋네' 라는 노래처럼 내 방이 신기하리만큼 좋다. 면암勉庵 최익현도 흑산도 유배에서 일신당을 꾸며 예닐곱 동자들이 와서 글을 읽으니 귀양살이에 큰 위로가 되었다 한다. 선비들의 흉내를 내보면서 느즈막에 글 쓰는 재미에 빠진다. 어제가 오늘 같고 오늘이 어제처럼 정신이 망연할 때 글이 한 줄도 풀리지 않을 때 나는 이 방에서 허둥댄다.

혼자만이기에 어수선하게 퍼져 있어도, 책상 위에 책들이 아무렇게나 쌓여 있어도 문만 닫아버리면 정연해진다. 누구에게도 신경을 쓰지 않으니 심심산천을 홀연히 찾아가지 않아도 마냥 신선한 공기를 숨쉬는 듯하다. 번뇌와 망상을 내려놓고 고요한 심정으로 뒤척이며 나를 찾아본다.

많은 것을 갖지 못해도 서두르지 않고 때론 더디고 느리게 살고 싶을 때가 있다. 이 사람 저 사람 스치면서도 모르는 체하지는 않았는지? 내 피붙이만 챙기고 어려운 이웃에겐 무심하지는 않았는지? 처음 먹었던 마음을 되새기며 명상에 젖는다.

나를 위한, 그 아늑한 방은 평온한 내 마음의 성이다. 오밀조밀 그려보면 고향집의 꽃피는 봄날이, 녹음 우거진 여름이, 풍성한 황금의 가을이, 눈 내리는 겨울밤이 주마등처럼 다가온다.

2007. 2

# 한가위 빈 자리

또 한가위를 맞이한다. 달은 휘영청 밤하늘을 밝히고 땅위까지 골고루 환히 비춘다. 딸들이 사는 그곳도 비추겠지.

습관처럼 추석빔을 장만하면서 새삼 그들이 멀리 있음을 실감한다. 내 곁을 졸졸 따라다니던 손녀 세린이, 윤경이, 손자 현민이도 보고 싶다.

막내 네는 헤어진 지 겨우 두 달인데 꽤 오랜 시간이 흐른 것 같다. 사위가 미국에서 연수를 받게 되어 온 식구가 떠난 것이다. 둘째 네는 사위가 직장 일로 6년 동안 미국에 주재하게 되어 지금 그곳에 있다. 전화 속의 젖은 목소리에 나도 눈물에 젖곤 한다.

옛 어른들이 명절 때면 나가 있는 자식들을 기다린다는 그 심정을 뒤늦게 절감한다. 올 추석은 유난히 빈자리가 많아 쓸쓸하다. 오늘 아침 미국에 사는 세린이의 한가위에는 무슨 음식을 먹었느냐는 전화 목소리에 와락 눈물이 솟았다.

"내년에 너랑 함께 차례 모실 땐 너 좋아하는 음식을 많이 할 거야. 먹고 싶은 것 몽땅 적어라, 할머니가 다 해줄게."

금세 손녀가 화들짝 웃는다.

다행히 인터넷 화상전화를 설치해준 둘째 사위 덕으로 통화할 때마다 화상에 떠오른 상대편을 마주본다. 곁에 있을 때처럼 미주알고주알 나누는 소식들로 하루 종일 마음이 들뜬다. 월요일 아침이면 언제나 목소리를 듣고 얼굴을 보는데도 아쉬움만 켜켜이 쌓인다. 작년 이맘 때 딸과 추석음식을 준비했던 생각을 하니 허허로운 마음이 다소 차분해진다.

둥근상에 딸들이 둘러앉아 조막손으로 송편을 빚었던 일이 어제만 같다.

예쁘게 빚어야 예쁜 딸을 낳는다는 할머니 말씀에 꼼꼼히 만들어 댔다. 딸들의 예쁜 손길로 송편을 빚었기에 그리 귀여운 손녀들을 낳았나보다. 항상 귀엽고 사랑스런 손자 손녀들, 그들의 텅 빈 자리가 허전해서 자꾸만 창밖을 바라본다. 중천에 떠있는 보름달을 향해 가만히 손을 모은다.

추석 준비는 늘 둘째가 도왔다. 추석 다음날이 시아버지 기일이어서 겹으로 허둥대는 엄마를 때맞추어 잘 도왔다. 시장을 직접 보아 친척들의 구미에 맞는 음식들을 장만해 오곤 했다. 올해는 거실을 가득 메운 웃음소리에도 아쉬움을 어찌할 수가 없다. 딸이 준비했던 맛있는 음식들이 화제가 되어 많은 이야기들을 하였다.

예전에 대전에 살던 둘째가 오는 날은 세 딸들이 모두 모여 밤 깊은 줄 모르고 이야기꽃을 피웠다. 그칠 줄 모르고 풀어내는 옛 사연들로 오순도순 정을 나누던 그 시절이 나를 한없이 행복하게 했다. 휘영청 밝은 달을 보고 있으면 즐거웠던 시절이 어느새 다가오곤 했다.

어릴 적 둘째, 셋째 딸은 내 양팔에 누워 서로 자기 쪽만 보라고 성화를 부렸다. 나는 똑바로 누워 공평하게 천정만 보고 재미있는 얘길했다. 아이들은 어느새 잠이 들곤 했다. 떠들썩했던 그날들이 이제는 추억의 타래로 풀어진다. 꿈을 키우던 딸들에게 추억 어린 그 시절은 다시 힘찬 삶을 북돋게 한다. 글로벌 시대에 '세계는 넓고 할 일은 많다' 는 말로 늘 정진하기를 당부한다. 나름대로 활기찬 나날을 사는 딸들의 모습이 마음을 흐뭇하게 한다.

그 곳에서도 달을 쳐다보면서 사랑하는 가족들을 얼마나 그리워할까. 쟁반같이 둥근 달을 쳐다보며 그들이 더욱 멀리 높이 날기를 바라는 어미의 염원을 달빛에 실어 보낸다.

2006. 한가위 날에

| 제2부 |

# 부르는 소리

# 귀향

고향에 가는 길이면 나는 언제나 열여섯 살이다.

예나 지금이나 월출이 장관을 이루는 월출산月出山, 거기 정성스럽게 쌓아 올린 듯한 탄탄한 바위 더미가 푸르름에 싸이면 내 가슴은 주체할 수 없이 설렌다.

도갑사 들머리의 구림마을을 지나 먼저 왕인 박사 유적지를 찾아본다. 평일이어서 답사길이 한가롭다. 1600년대에 태어난 왕인 박사는 32세 때 논어 10권과 천자문 1권을 가지고 일본에 건너가 백제문화를 전파한, 아스카 문화의 원조로 유명하다. 자기 나라 태자의 스승으로 선진문물을 일깨워준 고마운 분임을 익히 안 일본 관광객들, 그들의 참배하는 모습이 보기에 참 좋다.

독도를 자기 땅이라고 우기는 시네마 현의 지도부 인사들과는 매우 대조적이다.

도선 국사가 창건한 도갑사로 발길을 돌린다. 도갑사는 신라시대에 창건한 고찰로 조선조까지 유명했었지만 이상하게도 화재가 잦아 그 규모가 작아졌다. 지금은 대웅전 증축 및 석탑의 보수작업이 한창이다. 대웅전 뒤 빈터에서 옛 절터를 발견하는 등, 그 복원의 규모가 날로 커지고 있다.

도림마을엔 묘한 전설이 있다. 최 씨 처녀가 한 자가 넘는 오이를 따먹고 포태한 아이를 출산하여 숲속에 버렸는데 비둘기들이 이 아이를 날개로 감싸며 돌보았다. 이를 신기하게 여긴 그 처녀는 아이를 다시 안고 와서 길렀다. 장성한 후에 그는 스님이 되어 도선이라 불렸다. 탁월한 예언가이기도 해서 왕건의 출생과 고려 건국을, 그 왕조의 몰락과 조선조의 출현까지 예언했다. 한강 북쪽에 도읍을 정하면 나라가 길이 영원하다는 설도 내놓았다.

과연 서울은 명당이다. 근자 잠시 술렁거렸던 수도 이전의 일이 와해됨도 그의 예언에 따른 무의식인지 모르겠다. 조선조 성종 때 지어진 해탈문(국보 50호), 고려시대 석가모니불인 석조여래좌상(보물 89호), 후삼국통일의 업적을 기록한 도선수미비導善守尾碑 등이 옛 도선사의 영광을 빛내고 있다.

고향의 하루는 옛길을 더듬어본다. 종일 쌓인 여독을 풀기 위해 해창의 해수온천을 찾아갔다. 유황수는 탕 속에 있을 때는 여느 온천수와 다를 것이 없지만 물기가 가신 후의 피부는 시간이 지날수록 매끄러워져 피로가 말끔히 씻긴다.

읍으로 발길을 돌린다. 미로처럼 달라진 길을 따라 내가 자란 생가를 찾아 두리번거린다. 동네 초입의 널따란 신작로로 낯설기만 하다. 방향을 가늠할 수가 없다. 무작정 골목길을 헤매다 다시 돌아오기를 몇 번이나 거듭한다. 행인에게, 동네사람에게 물어 보았지만 옛길은 다 폐쇄되어 도무지 찾을 길이 없다. 종종 안개 속이다.

옛날 우리 집 주소가 머리에 스친다. 역리 176번지. 그러나 모든 집의 지번이 하나로 통일 되어 모두가 같은 주소다. 동네 어느 곳도 다 176번지다.

날이 저물어 숙소로 돌아왔다.

이튿 날 새벽에 운동 겸 다시 옛집을 찾아본다. 읍 한가운데에 위치한 공원에 가면 집터를 쉽게 찾을 수 있겠지. 그러나 그 곳엔 충혼탑이 서있다.

수목이 빽빽히 우거져 마을을 내려다 볼 수도 없었다. 어림짐작으로 길도 나지 않는 언덕을 따라 마을 쪽으로 향한다. 옛날의 자취들이 어렴풋이 살아난다. 어제 헤맸던 신작로에서 동네의 우물자리를 확인한다. 동네에 네 개의 우물이 있었다. 개성개 우물, 독

천동, 앞샘, 백년동 샘 등이다. 그렇게 철철 넘치던 우물들은 모두 죽어간다. 집집마다 수도가 들어온 탓이다. 사방 길이 1미터가 조금 넘는 콘크리트 칸막이의 우물이다. 생의 터전이던 그 활력이 가슴에 꽉 메인다.

앞 동네 샘을 기준으로 나의 생가를 확인한다. 세월이 멀찍이 흐른 지금도 내 방안을 비춘 달빛에 설레던 그 감성까지 흐르고 있는 것 같다. 뒷곁 우물의 펌프소리에 나는 잠을 깨곤 했지. 어머니는 소쿠리에 선홍빛 토마토를 가득 씻어 채웠지. 달려가 손등에 이슬을 쓱쓱, 한입에 가득 씹던 그 때의 그 맛, 침이 꿀꺽 삼켜진다.

내 추억이 서린 생가의 동산을 걸어본다. 키가 큰 동백나무와 측백나무가 높다랗게 치솟아 서있던 자리를 찾아본다. 어린 시절에 그 나무 위를 잘 올라갔다. 펑퍼짐한 등걸에 걸터앉아 책을 읽고 간식을  먹으며 지냈다. 철마다 지천으로 깔린 과일 맛을 잊지 못한다. 그 때의 풍요가 나의 활력소로 무르익어 지금도 실의에 빠지는 일 없이 긍정적인 마음으로 사는 것 같다.

밭에서 호미질로 하루해가 저물면 어머니는 흙에 묻힌 고무신을 눈부시게 닦았다. 저녁 후 별들이 황홀하게 반짝이면 평상에서 도란도란 울리던 이야기소리도 별빛처럼 아득해졌다. 매캐한 모깃불 연기를 쫓으며 옥수수, 수박 참외를 나누던 그날들, 부모님이 그리워진다. 화단의 달맞이꽃은 노랗게 밤을 밝히고 깊어만 가는 마당 한 켠, 그 자리에 어린 내 서정이 무르익어 갔을 터.

선산에 기일 성묘를 하고 두어 시간 맴돌아 본다. 가벼운 차림으로 다시는 잊지 않으려 지도를 다시 그리며 읍을 한 바퀴를 돌아본다. 춘양리 저수지에 종합 병원이 솟아 있다. 아버지가 자주 출입하였던 수성사는 다행히 그대로였다. 시가지의 경찰서, 군청도 여전하다. 그 높고 크던 건물이 왜 그리 작아졌는지. 작아진 만큼 무서울 것도 어려울 것도 없을 것 같아 피식 웃음이 나온다. 이제는 눈을 감아도 새 고향을 그릴 수 있을 것 같다. 외롭고 쓸쓸한 날이면 새 고향 땅이 무슨 위로를 줄지 씁쓸하다.

50년도 넘게 객지에서 살다가 고향의 산언덕을 바라본다. 10년 전에 왔을 때보다는 그래도 희망이 엿보인다.

맛깔스런 갈낙탕에 입맛이 돋는다. 전라도 한우와 개펄에서 잡은 낙지로 끓인 갈낙탕과 오랜 숙성을 거쳐 상에 오른 젓갈류로 밥 한 그릇이 뚝딱이다. 과연 밥도둑이었다. 개펄을 먹고 산다는 짱뚱어로 만든 짱뚱어탕, 오래오래 갯내음 물씬한 고향 맛으로 내 가슴 속을 떠나지 못할 것이다.

2005. 6

# 그리운 시절

시원한 교정은 늘 마음을 푸르게 한다. 집 앞에 있는 초등학교의 담을 헐고 공원처럼 단장하고 나니 마치 우리 집의 쉼터라도 된 듯 정겨워졌다.

청정한 가로수 길을 걷다가 자주 그곳을 들린다. 그 앞을 지나게 되면 손자나 손녀들을 만날 수 있으려나 하는 기대로 발길을 멈추고 벤치에 앉아 교정을 살피곤 한다.

몇 학년인지는 모르지만 운동장을 달리는 학생들을 바라보면 마음이 환해진다. 반짝이는 눈동자 평화스런 표정이 봄날 둔덕에 돋아나는 새순처럼 나릇나릇 살랑인다. 아지랑이 피어오르듯 덩달아 마음이 부푼다, 어느 교실에선가 노랫소리가 힘차게 울리면 가만히 따라 부르기도 한다.

'파란 하늘 파란 꿈이 드리운 푸른 언덕에…', 애들의 꾸밈없는 합창에 끼어들어보면 어느새 마음이 구름처럼 둥둥 떠다닌다. 어릴 적 즐겨 불르던 '퐁당퐁당', '낮에 나온 반달' 같은 동요가 저절로 흥얼거려진다. 세월은 갔어도 한소절도 흐트러짐이 없다. 머리가 산뜻해진다.

교정을 바라보면 아련한 추억들이 흑백 사진처럼 펼쳐진다. 동무들이 다 학교에 들어갔는데 나만 입학 통지서가 안 나와 청강생으로 학교를 다녔다. 날마다 학용품을 제대로 챙기지 못했다. 선생님인 셋째 언니가 머슴 등에 업혀 온 나를 교무실 난로에 몸을 녹인 후 교실로 보냈다. 방과 후면 상급생의 등에 업혀 집으로 돌아왔다. 그런대로 공부도 따라 하다가 이윽고 정식 학생이 되어 씩씩하게 걸어 다녔다. 운동화 표를 받은 날은 단숨에 집에까지 달려가서 돈을 타 가지고 새신을 샀다. 신고 얼마나 뽐냈는지….

하학 후면 학교 옆의 냇가가 우리들의 놀이터였다. 종이배를 띄우거나 뜀박질을 하다 싫증이 나면 다슬기를 잡아 고무신에 가득 채우기도 했다. 뉘엿뉘엿 해가 지면 노래를 부르며 집으로 돌아오곤 했다. 그 신작로를 타박타박 같이 걸었던 그 친구는 벌써 먼 나라로 갔으니 아쉬운 마음 그지없다.

6.25 전쟁 후 학교는 피난민수용소 같았다. 그해 겨울 뒤늦게 문

을 연 학교는 어느 창고에 가마니를 깐 교실이었다. 책이 없어 공부를 제대로 할 수 없었다. 책보에 공책만 둘둘 싸고 집으로 돌아오면 손이 꽁꽁 얼었었다. 썰렁한 운동장에서 월출산을 바라보면 한없이 높기만 했다.

시설이 좋지 않은 학교가 싫어 부모님을 졸라 M시로 옮겼다. 3년 동안 고향을 등지고 살았다. 6학년 2학기에 몹시 앓게 되어 다시 고향으로 돌아 왔다. 그렇게 마친 초등학교 생활에는 잔잔한 추억들이 얽혀 있다.

선생님의 지명을 받아 칠판에 산수 문제를 풀고 설명하면서 남학생들에게 해라를 해서 놀림감이 되었던 일, 담임선생의 인정으로 음악시간이면 앞에 나가 '잘 있거라 내 고향' 을 선창하며 친구들에게 노래를 가르쳤던 일, 심술궂은 남학생이 내 도시락을 말끔히 먹어 치워 점심을 굶었던 일, 장작개비를 연신 난로에 쑤셔 넣고 불을 쬐던 일, 그 난로 위에 켜켜이 도시락을 쌓아 노릇노릇 구워 후후 불어가며 먹었던 밥맛 등을 잊을 수가 없다.

내 이름이 '염' 이라 소금이라고 놀림 당한 일을 떠올리면 금방 웃음이 나온다. 세월이 흐르는 물 같다는 말이 새삼 실감된다. 뛰놀던 그 벗들은 뿔뿔이 헤어져 거의 소식을 모른 채 어느새 저물목의 나이가 되었으니….

손녀 손자들이 다니고 있는 학교의 넉넉한 그 교정에서 나는 심심찮게 그 시절 그날로 달려가 그리움을 줍는다. 재잘거리는 아이들의 정겨운 목소리와 맑은 노래 소리를 들으면 왜소해진 내 마음도 그 선율을 타고 튕겨 오른다.

그 옛날 동무들의 이름을 한 번씩 불러 본다. 모두가 그리운 얼굴들이다.

2007. 봄날에

# 그만 네

6월이 오면 늘 그녀가 생각난다. 어느 핸가 초겨울 어스레한 아침, 부엌에서 불을 지피고 있는 그녀를 보았다. 세수하려는 나에게 얼른 더운 물을 대야에 부으며 스스럼없이 싱긋 웃었다. 누군지 궁금했지만 등교시간에 쫓겨 수인사도 하지 못했다. 집안일을 도와주다 시집간 애순이 언니의 둘째 동생이라 했다. 그 집은 딸부자 집이어서 딸은 그만 낳으라고 '그만 네' 란 이름이 붙여진 것이라 했다.

그만 네는 애순이 언니처럼 우리 집 식구가 되었다. 조카들을 업어 주고 동무도 되어 주면서 내 일도 잘 도와주었다. 살갑고 재치가 있어 어른들의 귀염을 받았다. 어느덧 나도 언니라 부르게 되었다.

그만 네 언니는 여름이면 꼭 봉숭아 꽃물을 들여 주었다. 꽃잎과 백반, 숯, 식초를 짓이겨 손톱 위에 얹고 피마자 잎으로 잘 동여매 주었다. 누가 더 예쁘게 들었나 시샘도 하며 어울려 자랐다. 논에 벼이삭이 여물기 시작하면 그는 새 쫓으러 나갔다. 나도 그를 따라 갔다. 우리는 새를 쫓는 일보다 소꿉질에 골몰하다가 그만 어른들의 꾸중을 들었다.

6 · 25의 전쟁이 일어났다. 우리 집은 피난을 가지 못한 세 언니네 식구들과 작은아버지 식구들의 피난처가 되어 철없는 꼬마들이 날마다 잔칫집 같이 들썩거렸다. 그러는 중에도 시도 때도 없이 남자들을 붙들어 가 불안하였다. 꼭두새벽이면 형부들과 두 오빠는 비상식품으로 미숫가루까지 담은 배낭을 메고 산으로 피신을 했다. 실한 처녀로 성장한 그는 집안일을 도와주는 아주머니와 함께 그 많은 빨래 청소 등, 집안일들을 손 빠진 곳 없이 다 해냈다. 세끼 음식 준비에도 정성을 다했다. 가족들의 무사를 기원하면서.

추석이 지난 후 마침내 읍이 수복되었지만 이내 밤이 되면 산사람들 습격이 빈번해졌다. 그들이 밤을 휘젓고 지나간 아침은 온 동네가 아수라장이었다. 그런 날 아침에도 우리는 사랑채에서 철없이 노래 부르고 장난치며 놀았다. 그런 어느 날 아침 "모두 밖으로 나오라."는 그만 네의 큰 소리에 바짝 웅크리고 마당으로 나갔다.

안채 사랑채, 곳간 방앗간 지붕 위에서 불길이 뻗어 올라 모두들 넋을 놓았다. 그만 네는 산사람 앞에 나서서 날씨가 추워지는데 이불과 옷가지라도 꺼내야 하지 않겠느냐고 당당하게 말하였다. 옮겨도 된다는 허락이었다. 온 식구가 닥치는 대로 짐을 마당가로 날랐다. 그런 혼잡 속에 아버지와 둘째 형부와 오빠는 뒤 텃밭으로 재빨리 도망쳤다. 등 뒤에서 총을 쏘는 바람에 우리는 모두 주저앉아 버렸다. 그만 네는 시종 짐들을 나르고는 방앗간 기계를 옮기자고 했다. 여자들이 겁도 없이 달려들었다.

어디서 그런 힘이 나왔는지 무거운 기계들이 밖으로 옮겨졌다. 온 집엔 불이 붙여졌다. 이윽고 산사람들이 물러가고 늦은 아침이 되어도 도망간 사람들이 나타나지 않았다. 점심 무렵에야 하나 둘씩 돌아왔는데 둘째 형부는 소식이 묘연했다.

그날 이후 밤이면 경찰서 밑으로 피신을 하였다. 낮에는 폐허 같은 집으로 돌아와 형부를 기다리며 나날을 보냈다. 형부는 산속 덤불 속에서 불안에 떨다가 산사람들이 철수했다는 소리를 듣고도 한참 마음을 추슬러 돌아왔다. 그만 네의 당찬 기지로 필요한 세간과 식량을 다소 건졌다. 재물은 잃었어도 가족이 모두 무사해서 천만다행이었다. 셋집으로 방앗간을 옮겨 그것이 결국 생활의 활력이 되었다.

휴전이 되어 평온을 되찾았다. 집터를 정리하여 새 집을 지었다.

그만 네는 온 집안을 보살폈다. 어른들이 성혼을 서둘렀지만 그녀는 서울에 가서 돈을 좀 벌어야겠다며 훌훌히 떠났다.

몇 년 후 그만 네는 해산을 하러 우리 집을 친정처럼 찾아왔다. 남편은 부잣집 아들로 대학 출신이라 했다. 처음엔 남자 부모님이 아기를 가진 그녀를 며느리로 받아들일 수 없다며 내쫓았다 한다. 당황하지 않고 동네 파출소를 찾아가 그 동안의 사정을 호소했다. 파출소 소장의 주선으로 그는 주인집 아들인 대학생과 결혼하였다 한다. 영민하고 다부지고 행실이 곧아 그만 네는 행복하게 잘 살 것이라며 우리는 몇 번이나 축하의 뜻을 표했다. 어머니는 친정에 온 딸처럼 아기 옷, 기저귀, 포태기, 이불 등을 넉넉하게 준비해 주었다. 산후 조리를 마친 후 시댁으로 돌아갔다. 세월이 흘러 잘 살고 있을 것이라며 무심히 지냈다.

아들 둘을 낳고 잘 살았다. 둘째 아들 돌잔치 때 남편 친구들이 술자리에서 무식한 부인 모시고 애 많이 쓴다고 남편을 빈정거린 것이 부부싸움의 도화선이 되어 빈 몸으로 집을 뛰쳐나오게 되었다 한다. 아이들도 만날 수 없이 외톨이가 되어 강원도 어디에서 재혼을 하였다는 소식을 들었다. 문방구를 경영하며 꽤 부자가 되었다는 기쁜 풍문이었다. 우리는 마냥 잘되기만을 바랬다. 그는 당차게 우리를 혈육처럼 보살펴 주었다.

한동안 잊고 살았는데 요즘 들어 고향 소식을 접할 때마다 혈육 같았던 그녀가 생각난다.

6월이 오면, 항상 웃음을 띠고 있으면서도 인동초처럼 굳세던 그만 네 언니의 얼굴이 아련히 떠오른다.

2003. 6

# 길을 거닐면

길을 따라 천천히 걸으면 마음이 한결 가벼워진다. 봄이면 연두색 풀이 돋아나고 향기가 가득하다. 여름엔 녹음속의 그늘이 시원하다. 가을이면 낙엽소리가 우수수하다. 겨울이면 나목들의 합창속에 산등성이의 곡선이 정겹다. 그래서 자주 집을 나서게 된다.

무슨 일 때문에 길을 걸을 때는 그 일에 맞추어 걷기 마련이다. 여러모로 마음이 쓰인다. 산책으로 걸을 때면 걷는 그 자체가 마냥 즐겁다. 한눈을 팔기도 하고 아는 사람을 만나게 되면 반가운 이야기 동무가 되기도 한다. 샛길로 걸어가기도 하고 주위를 살펴보면서 해찰도 한다.

집 앞 화단에 세 그루의 큰 대추나무가 있다. 나는 오며가며 자주 그것들을 바라본다. 가을의 앙증스런 붉은 열매를 상상하면 저절로 웃음이 나온다. 봄이면 모든 잎들이 다투어 피고 꽃들이 활짝 자태를 뽐내는데 대추나무는 아직도 겨울잠에서 깨어나지 않고 있다. 글 솜씨가 더딘 나 같기도 해서 공연히 그곳을 맴돌아 본다.

녹차 호떡을 굽는 여인의 손놀림이 재빠르다. 그 동안 운전을 하며 짬짬이 아내를 돕던 남편도 옥수수를 삶아 놓고 손님을 맞고 있다. 합심하여 어깨를 펴는 부부 모습이 보기에 좋다. 몇 년 전, 이 일을 시작했을 때는 덩그렇게 호떡들이 쌓여 있었다. 기름을 조금만 부으라는 여러 사람의 충고 덕인지 쩔쩔매던 솜씨가 이젠 숙련이 되어 굽기가 바쁘다. 글쓰기도 오래 하다 보면 좀 매끄러워질 것인지?

한강교 초입에선 저절로 발길이 멈추어진다. 수선화, 튤립, 철쭉 등 형형색색의 꽃들이 정연하다. 가로수도 유달리 햇살에 반짝인다. 라일락 꽃잎이 언덕배기 집에까지 바람을 탄다. 허름한 그 집들이 유년을 보냈던 옛 동네를 꿈길처럼 연상케 한다. 고향의 봄볕이 내 곁으로 되살아 와 서둘러 이것저것 주머니에 담아본다.

둔덕 밑까지 내려다보이는 막다른 골목 안에 연탄을 가득 실은 차가 멈춘다. 다닥다닥 즐비한 출입문 안으로 연탄을 나르는 남자의 표정이 진지하다. 나도 그 시절 연탄불이 꺼질까봐 밤늦도록 잠을 설쳤던 일이 엊그제 같이 선연하다. 서툴러서인지 공을 들여도 불이 자주 꺼졌다. 숯을 사서 피우면 쉬웠을 테지만 절약한답시고 신문지와 나무 조각으로 불을 피우느라 법석만 떨었다. 눈물과 그을음이 얼굴에 범벅이 되어도 늘 웃고 그냥저냥 살았다. 연탄이 광에 쌓이면 큰 부자처럼 행복했다. 묵묵히 그런 인내를 되살린다면 글이 한편 될까.

집으로 돌아갈 생각을 한다. 손바닥만한 빈터에 아욱, 상추, 고추 등을 가꾸는 안노인처럼 나도 컴퓨터 앞에 앉아 자판을 두들겨야지. 핸드폰도 꺼놓고 고향에 달려가 친구도 찾아보고, 아이들 키울 때 아기자기한 사연들을  간추려 봐야지.

내가 즐겨 걷는 길은 바깥의 산책길만이 아니다. 마음의 산책길도 그에 못지않다. 밖을 산책하거나 여행을 하면 항용 옛날 일이 문득문득 되살아나곤 하지만 낯선 볼거리에 흠뻑 빠지기도 한다. 마음의 산책으로 책을 읽거나 써둔 글을 넘겨보면 아무래도 바깥보다는 안팎의 균형이 이루어지지 않을까 싶다. 글은 결국 안팎이 하나로 열려야 하는 것 아닌가.

2007. 4

# 만남 그리고 이별

친정 쪽의 결혼식이 K시에 있었다. 모두 현대 백화점 주차장에 모여서 함께 가기로 했다. 십여 년 전에 떠난 동네여서 나는 그냥 한 바퀴 휘둘러보았다. 백화점 뒤쪽의 우리가 살았던 아파트는 여전하다. 자주 거닐던 골목을 걸어봤다. 잊고 지난 세월들이 문득 되살아났다.

십수 년 전 두 번째 찾아 온 친정 조카 딸 규제의 전화를 받고 줄달음 친 곳도 이 백화점 정문이었다. 옛 모습 그대로여서 꼭 안아 주었었다. 10여 년 전 독일에 갔을 때 론에서 몇 시간을 머물게 되어 몇 번이나 통화를 시도했지만 끝내 연결이 되지 않았다. 그 후에도  독일에서 지내는 동안 프랑크푸르트에서도 서너 번 불러

보았지만 여행 중인지 받질 않았다. 서운했었다. 일정대로 떠나오고 말았다.

고속도로를 달리면서 가족들과 친척들과 함께 자랐던 고향집 이야기를 내내 이어갔다. 조카는 천 평이 넘는 나직한 동산, 돌담에 싸인 고향 집을 잊을 수 없었다 한다. 영상처럼 가슴에 새겨져서 여기에 사는 나보다 훨씬 기억이 선명했다. 마당의 나무나 화초들 자리까지 자리를 기억하고 있었다.

뒷동산의 감나무, 뒤뜰의 밤나무, 포도나무 등등 어느 하나 잊은 것이 없었다. 고향집이 먼 타국에서 디딤돌의 뿌리가 되었나 싶었다. 봄, 여름이면 소꿉놀이 하던 곳도 앵두나무 밑을 맴돌며 할아버지가 정성으로 가꾼 화단을 잊지 못했다 했다. 가을이면 장두 감의 색깔을 겨울이면 광속 나무 궤짝에서 익어가는 연시를 밤참으로 챙겨 주신 할머니를 그리워하였다. 그런 사념들을 빠짐없이 안고 산 것 같았다.

여름밤에 지피는 모깃불 그 향긋한 냄새를 잊을 수 없었다고 했다. 저녁 후 평상에 앉아 밤 깊은 줄 모르던 이야기와 함께 수박, 참외, 삶은 옥수수의 맛이 입술에 감돈다 했다. 별을 헤이던 그 밤, 삼촌 고모들이 연주하던 바이올린, 피리, 하모니카를 생김새까지 기억했다. 뒤 터에 주렁주렁 매달린 빨간 토마토를 겉 이슬만 손등에 문지르고 깨물던 맛도 잊지 않고 있었다.

당당한 마취 전문가의 금의환향인데 어딘지 외로워 보였다. 가슴이 찡했다. 조카가 스물세 살 때 윤택했던 살림이 제 아버지의 사업 실패로 사실상 가장노릇을 하였다. 당당하고 야무진 그녀는 대학을 나온 후 모든  생활을 이고 독일로 갔다. 의대 다닌 두 동생의 뒷바라지에 혼신의 힘을 다했다. 모든 시련을 끝내 이겨냈다.

당시 우리나라의 외화를 벌어들인 당당한 역군이었다. 성혼하여 딸을 둔 엄마가 되었다. 풍요로웠던 옛 고향집을 그리면서 그 많은 세월을 당당히 밀쳐 나갔다.

그와 밤을 지새우며 같이 보낸 3일간의 헤어짐이 아쉽기만 했다. 압구정동 거리를 마냥 헤맸다. 한식, 양식, 일식집을 돌면서 웃다 울고 울다 웃곤 했다.

마침내 떠나야 할 시간 아쉬움에 꼭 안고 이촌역까지 동행하였다. 등을 도닥거리면 눈시울을 적셨다. 전철은 홈을 빠져 나갔다. 넋을 잃고 서서 떠난 뒷자리를 향해 한없이 손만  흔들었다.

다시 현대 백화점 주차장을 향해 고속도로를 달렸다. 친정 동기간들이 모두 합심하여 독일에 한번 다녀오자는 제의들이 있었다. 추억의 반추가 풍성한 그 날로 이어져 가까운 날에 이를 독일에 심고 오자고 따스한 손을 잡았다. 성혼의 주인공들에게도 거듭 다함없는 축의를 전했다.

2010. 3

# 봄 내음

포근한 날씨다. 한강 둔치 길을 찾았다. 떼 지어 은빛 물결 위를 유영하는 갈매기와 오리들의 몸놀림이 한결 가볍다. 연두빛 잔디가 싱그럽다. 물오른 나무들이 꽃피울 채비에 바쁘다. 둔덕길에서는 봄의 향연이 한창이다. 자연학습장을 지나니 봄 내음이 코끝에 스민다.

고향의 봄은 우물가에서 아낙네들의 재잘거림과 함께 왔다. 들에서 갓 캐어 온 쑥, 냉이, 달래, 씀바귀 등을 부지런히 씻으며 한 옥타브 올린 수다였다. 저녁연기가 오르면 집집마다 보리 냉이의 구수한 내음이 안개처럼 퍼졌다. 어느새 새싹이 파릇파릇 하루가 다르게 돋아나고 있었다.

되돌아오는 길에 슈퍼에 들러 쑥, 냉이, 취나물 등을 바구니에 담았다. 젊은 주인이 요즘 새댁들은 나물 같은 건 쳐다보지도 않는다며 덤을 덥석 안겨 준다. 나는 어머님의 손맛을 생각하며 분주히 저녁을 준비했다. 정성을 다해도 어머니가 끓여 주시던 맛은 아니다. 들에서 자생한 것이 아니어서일까, 잊혀져간 고향의 맛이 열어진 탓일까?

어릴 때 나물을 캐고 나면 흙 범벅이었다. 그래도 어머니는 대견히 여기고 오히려 칭찬을 해주셨다. 동무들과 나물을 캐게 되면 이를 곧 흙 속에 묻었다. 그래야 쑥쑥 자란다고 믿었기 때문이다. 해가 뉘엿거리면 주섬주섬 흙 범벅의 나물을 바구니에 담아 줄달음 치곤 했다.

젖빛 안개가 엷게 피어오르면 보릿고개가 앞을 가로막았다. 봄나물이 요긴한 식량이었다. 아낙네들은 움츠러진 어깨를 펴고 산과 들로 내달았다. 그리하여 허기진 봄을 벗어났다. 그 묵묵한 노력이 대단하였다. 아낙네들의 웃음소리가 이내  고샅길을 훈훈하게 했다.

봄나물은 겨울 동안 부족했던 영양분을 보충하여 준다. 곰을 웅녀로 변신시켰다는 쑥은 봄철에 쑥국을 세 번 먹으면 문지방을 못 넘는다는 말이 있듯 대단한 보식이었다.  토실토실 살이 올라서일까, 무기질, 비타민C가 풍부해 해열과 해독은 물론 혈압강하, 복통에도 좋다 한다.

취나물은 당뇨 현기증 춘곤증을 막아준다. 씀바귀는 위장을 튼튼하게 하고 여름을 타지 않게 다져준다. 머위는 항암제로 통증을 완화시킨다. 과장된 면도 있지만 제철에 먹는 봄나물은 몸에 좋다. 그밖에도 냉이, 달래, 두릅은 피로회복과 혈액순환에 좋다.

대나무 숲에 바람이 살랑거리고 동백나무 밑에 꽃이 소복이 깔리면 실에 꿰어 목에 몇 겹으로 걸고 다녔다. 다투어 푸성귀가 자라고 죽순들이 솟아오르면 봄이 무르익었다.

나는 날씨가 풀리면 입었던 옷들을 손으로 빨았다. 묵은 것들을 훌훌 털어 햇볕에 말려 차곡차곡 갠다. 고향의 한 친구를 잊을 수 없다. 공부를 잘했던 친구다. 지금은 어느 곳에서 어떻게 사는지. 그의 어머니는 날이 풀리면 냇가에 나가 빨래품을 팔면서도 당당한 표정으로 늘 웃음을 잃지 않을 만큼 자식을 위한 정성이 유달랐다. 그 친구는 어머니의 뒷바라지로 어떤 시련에도 굴하지 않은 우등생이었다. 지금쯤은 어떻게 변했을까. 우리 동창들은 아무도 그의 근황을 모른다. 불쑥 소식이 왔으면 하는 아쉬움을 떨칠 수가 없다. 봄날이면 뽀얀 빨래가 줄에서 펄럭이던 그리움을 줍는다.

봄은 아기걸음으로 아장아장 우리 곁에 다가온다. 봄이 찬란함은 긴 어두움에서 깨어나 성실하게 살아가는 길을 준비하고 행복으로 가는 길목을 지키기 때문이리라. 봄철 숲 속에서 솟아나는 힘은 인간의 악과 선을 어떠한 현자보다도 잘 가르쳐준다는 말처럼 봄날을 기다리는 심성이란 온 누리를  밝고 따스하게 하는 것일 터이다, 꽃이 더없이 아름다운 것은 신의 시새움인 꽃샘비와 흙비를 꿋꿋이 이긴 꽃망울이 환하게 피기 때문이다.

정월 보름이 지나서인지 한강 둔덕이 한결 훈훈해진 느낌이다. 걷는 발걸음도 가벼워진다. 새로 치장하는 동작교의 보수가 한창이다. 미군기지가 이전되면 동작교는 곧게 뚫어져 차들이 시원스럽게 달리겠지.

롤러 스케이트장에서 들려오는 아이들의 재잘거림에도 한결 생기가 돈다.

봄은 정녕 대지의 향연이다.

2003 . 3

# 부르는 소리

저녁 후면 가로수 길을 느긋하게 걷곤 한다. 바람결에 스쳐오는 소리 "엄마!"

낯익은 소리에 걸음을 멈추고 나도 모르게 뒤를 돌아보기 일쑤다. 내 뒤를 졸졸 따라다니던 어렸을 적 우리 아이들의 음성 같아 한참 두리번거린다. 아닌 줄 뻔히 알면서도 자꾸 서성거리게 되는 그 길이 참으로 좋다. 달이 방긋 웃어줄 때면 마음이 더욱 포근해진다.

"어머니!"

조용히 불러본다. 어머니 품속 같은 고향의 즐거운 나날이 달려온다.

가을 밤 별을 헤던 그리움에 젖는다.

모르는 아이가 엄마, 엄마 부르는 소리를 따라서 나도 모르는 사이 서걱서걱 낙엽 밟는 소리가 의식을 깨운다.

초등학생 또래의 여자애가 엄마를 부르며 엄마 손에 매달린다. 옛날 내가 엄마의 치마끈을 움켜잡던 영상이 겹쳐진다. 초등학생이나 나이든 나도 '엄마' 앞에선 다를 것이 없는 어린이가 된다.

어머니는 나에게 늘 바르게 살라 하였다. 묵묵히 그 본을 보이시며 인자한 미소로 칠 남매 자식들의 뒷바라지에 정성을 다하였다. 몇십 년 전 그 때에 이미 아들 딸 차별 없이 저마다 하고 싶어 하는 일들을 각각 격려해 주었다. 인자한 미소로 감싸 주었다. 우리들은 어머니가 한 그대로를 흉내내며 성취의 기쁨을 누리곤 했다.

"어머니!"

혼자서 부르고 혼자서 듣는데 왜 그 때마다 가슴이 뭉클해지는 걸까. 늘 가까이에 있는 것처럼 무심히 산 것은 그만큼 어머니가 내 가슴을 다독이고 있는 탓이 아닐까. 어머닌 우리 때문에 쓴 것도 쓴 줄 모르고 살았고, 우린 어머니 때문에 단 것도 단 줄 모르고 살았던 것 같다. 어머니는 한 번도 외로움 같은 내색을 하지 않았다. 항상 "너희들 잘 살아야 한다."는 걱정뿐이었다.

어느 날 집에 물건을 팔러온 아주머니가 어머니를 가리키며 '너의 할머니' 가 어쩌고저쩌고 물었다. 얼른 대답을 못하였다. 마흔이 넘어 나를 낳은 할머니 같은 어머니가 왠지 부끄러웠다. 그 때를 떠올리면 늘 가슴이 아려온다. 내내 그게 마음에 걸려 '어머니' 하고 불러 보면 저절로 눈가에 이슬이 맺혔다. 잘 해드려야겠다는 스스로의 다짐을 내내 지키지 못한 탓이다.

길을 거닐다 울타리 안에서 엄마와 아이들의 웃음소리가 푸근하게 들릴 때면 쫄랑쫄랑 따라가는 어린애가 되어 골목길을 맴돌기 일쑤다.

언제나 따뜻한 손을 내밀던 어머니, 그 마음을 곰삭히면 살아가는 나날이 행복해진다.

"엄마, 엄마." 소리가 뒤 따르는 소녀와 젊은 엄마의 느긋한 산책을 이따금 돌아본다. 나도 몽매간에 어머니 손을 잡고 가로수 밑에 깔린 낙엽을 바사삭바사삭 밟으며 추억을 반추한다.

일상에서 잠시 눈을 돌린 고즈넉하기 그지없는 밤이다. 이름도 모르는 아이의 엄마 부르는 소리가 자꾸 귓가를 맴돈다.

2008. 11

# 세월은 흘러도

미국 여행 중 덤처럼 얻게 된 것이 친구 경이와의 만남이었다. 긴가민가하면서 편지를 띄웠는데 옛날 그 주소에 그대로 살고 있었다. 딸의 집에서 차로 불과 20여 분의 거리.

우리는 곧 만날 수 있었다.

그의 집은 공원 앞이었다. 숲과 호수가 아름답게 어울린 동네의 쾌적한 분위기 속에서 남편과 한가로운 노경을 즐기고 있었다.

오랜 세월 떨어져 지냈지만 옛날 그 시절로 곧장 돌아왔다. 언젠가 친구들과 함께 동부 여행을 했을 때 환영 차 뉴욕 공항에 나온 그녀를 잠시 만나고 10여 년이 넘었다. 그런데도 만나자마자 끊임없이 재잘거려지는 것은 옛정이 그만큼 도탑기 때문이다.

경이와 나는 서로 거울이 되어 마주 앉았다. 소녀처럼 마냥 즐거웠다. 그는 일찍이 남편과 아이들을 두고 백의의 천사로 서독에 갔었다. 귀국 후 자식들의 장래를 위해 가족 이민을 서둘러 뉴욕에 둥지를 틀었다. 다시 시작하는 어려움을 딛고 튼실한 가정을 이루었다. 아들은 변호사, 사업가가 되고 디자인하는 딸은 의사 남편을 만나 모두 넉넉하게 살고 있었다. 보기에 흐뭇하고 자랑스러웠다. 나는 몇 번이나 "잘했다, 잘했어."를 되뇌며 그의 손을 꼭 쥐었다.

넓은 뜰에 잔디가 유난히 너풀거린다. 주방에서 보이는 뒤뜰의 정성들인 풍광이 더없이 마음을 편안하게 했다. 한국에 돌아가면 우리 집 주방에서 저녁 준비하면서 경이가 뒤뜰을 바라보는 행복한 모습을 떠올리게 될 거라고 몇 번이고 말하였다.

햇볕 따가운 여름인데도 바람은 선들거렸다. 손수 가꾼 도라지, 더덕, 들깨, 봉숭아, 분꽃, 칸나, 등을 보여주고 싶어 이곳저곳 안내했다. 울타리도 없고 대문도 없는 앞마당에 큰 돌을 두른 화단을 만들어 꽃을 가꾸며 오밀조밀 즐기는 서정이 그윽했다. 몸이 불편해진 남편 대신 잔디밭은 일 주일에 한 번씩 기계로 깎는다고 했다.

학창 시절에는 그는 말수가 적은 편이었는데 우리는 집의 둘레를 돌아다니면서 언제 그랬던가 싶게 재잘거렸다. 그녀가 새집을 가리키며 작년에 왔던 새가 다시 찾아들었다고 대견해 했다.

이른 새벽이면 나도 딸네 집 창문 앞에서 노래 부르는 새소리에 잠을 깨곤 했다. 그의 설명으로 새 이름이 로빈robin임을 알았다. 어미는 알을 품고 애비는 먹이를 날라 주고 있었다. 보름쯤 지나니 새끼가 쭈빗쭈빗 기어 나오고 한 달쯤 있으니 어미가 날개짓을 훈련시키는지 멀리서 바라보곤 했다. 그런 장면이 여러 날 계속되더니 어느 순간 어미 애비는 날아가 버렸다.

친구에게 나는 해가 바뀔 때마다 나무 위에 둥지를 틀고 다시 또 찾아온 새들의 실태를 글로 한번 옮겨 보라고 웃으면서 권하였다.

친구는 멀리 떨어져 살아도 그 얼굴 그 목소리까지 잊혀지지 않는 사이다. 시간 가는 줄 모르고 재잘거리다 헤어질 때 "건강하게 또 만나자, 꼭 한번 서울 와야 한다."고 당부했다. 떠나오기 전날 전화로 다시 이별을 고했다.

친구 경자는 아직도 서울에 오지 못하고 있다. 아홉 명의 친구들은  만날 날만 기다린다. 우리는 50여 년의 우정으로 올해도 10월의 밤을 수놓았다.

그때에 시내에서 꽤 먼 거리였던 문화촌의 경자 자취방을 다리 아픈 줄도 모른 채 찾아다녔다고 추억에 잠기곤 한다.

수업이 끝나고 쉬는 시간이면  우르르 학교 뒷동산에 올랐다. 성량이 좋은 영희, 해녀, 정복이와 희숙이는 소프라노, 인숙, 길자,

정자, 경자와 진숙과 나는 엘토의 화음으로 노래를 잘 불렀다. 언제나 가사와 음률은 영희가 정확하였다. 올해 모임에도 미국에 있는 경자를 제외하고 다시 그날로 돌아가 노래를 불렀다. 아! 그리운 옛날이여!

서로 경자에게 메일을 보내고 편지로 회포를 푼다. 추석이 다가오는 요즈음 친구는 뒤뜰의 더덕, 호박, 칸나, 메론 등의 사진을 보내 왔다. 풍요한  뜰을 거닐면서 나누었던 그 얘기들을 보면서 나와 만났던 때를 회상한다면서.

12월이 오면 독일에서의 힘들고 외로웠던 사연, 아이들 키우면서도 제대로 안아보지 못할 만큼 일에 쫓겼던 아쉬움, 등등의 정회를 연례행사처럼 보내주곤 한다.

아이들의 유년기를 애들 아빠에게 맡기고 늘 미안해하는 친구, 둘이 낳았는데도 같이 키우지 못했던 어려움을 알기라도 한 것처럼 잘 자라 준 아이들을 더없이 고맙게 여기는 친구의 모정이 참으로 따뜻하다.

나는 늘 "너는 떳떳한 엄마야, 혼자서 애들을 훌륭히 기른 대단한 엄마야."하고 격려와 위안의 정을 보내고 있다.

2008. 10

# 웃으면서 즐겁게

주일 미사 드릴 때, 신부님은 공동체인 우리 교우들은 언제 어디서나 서로 웃음을 나누며 인사를 하는 게 기본이라 했다. 그 실천이 잘되고 있지 않다는 한 교우의 지적에 신부님은 여러 사례를 들어 촉구했다. 미사 중에 "평화를 드립니다."하고 서로 고개를 숙일 때도 어떤 교우는 화난 모습을 하고 있다 지적하였다. 서로 웃으면서 축복하자고 강조하였다. 모두 항상 아쉽게 느꼈던 점을 잘 간추려 지적해 주었다.

우리 동네 사람들은 모두 오랜 세월을 같이 살았다. 성당에서 보면 다 낯익은 얼굴들이다. 그런데도 길에서 자주 만날 때면 무뚝뚝하게 모르는 사람들처럼 그냥 지나기 일쑤다. 눈이 오나 비가 오나

주일마다 주차정리를 하는 봉사자들이 있다. 나는 "수고하십니다." 하고 눈을 마주치려고 한다. 내 목소리가 작은 탓인지 그들은 다른 곳을 보며 무심하다. 어색하지만 그래도 아는 체 하려고 노력한다.

작년여름 미국의 둘째 딸네 집에서 머물 때의 일이다. 차츰 그곳의 분위기에 익숙해졌다. 저녁 무렵엔 어김없이 산책길에 나섰다. 그들은 만나는 사람마다 외국인인 나에게까지 "하이." 하고 생긋 웃었다. 그러나 나는 그 사람들에게 뭐라 말할 바를 몰라 쑥스럽고 어려웠다. 하루, 이틀, 일주일. 오랜 시간을 마주치면서 나도 모르게 "하이." 하고 소리를 지르고 자연스럽게 손을 흔들게 되었다.

스스럼없이 상대방의 표정도 살피게 되고. 백화점에서 만나는 사람들에게 가볍게 미소를 보내며 당당히 걸어가는 여유가 생겼다. 웃는 가운데 하루하루가 즐거웠다. 가벼운 인사가 늘 마음을 편안하게 했다.

서울에 돌아와서도 습관처럼 지나는 사람과 눈을 마주치며 "안녕하세요." 하고 미소를 보냈다. 그러나 대체로 굳은 표정이다. 나이가 들면 누구나 수양이 쌓여 보다 현명해지고 한결 여유로워지는 것으로 알았다. 서양과는 달리 함부로 눈을 마주치거나 웃거나 인사하고 말을 걸거나 하는 것을 경망스러운 것으로 여기는 것이 아닌가 싶다. 그래도 그냥 눈을 맞추고 목례라도 보내야 마음이 가벼워진다.

저녁을 먹은 후 가까이 있는 초등학교 운동장에 자주 나간다. 언제나 걷는 사람들로 붐빈다. 나이 든 분, 젊은이 할 것 없이 모두 무심하게 걷기만 한다. 몇 번 말을 건네 보지만 이상한 할머니로 여기는지 불쑥 한마디 하거나 묵묵부답이다. 거의가 퉁명스런 발걸음이다.

우리 아파트는 40여 가구가 한 엘리베이터를 타고 내린다.

오래 살다보니 동네 사람들이 인사도 하고 화기애애한 대화도 나누며 지낸다. 처음은 좁은 공간에서 21층까지를 오르내리는 여러 사람들과 어색한 분위기였다. 만날 때마다 목례를 하고 아이들에게도 참 "예쁘구나, 귀엽구나, 미남이네." 하고 다독거리게 되었다. 아이들이 이를 알고 다시 만날 때는 할아버지 할머니에게 "안녕 하세요." 인사하길 잊지 않는다.

그 분위기가 확산되어 우리 아파트에선 항상 밝은 웃음이 끊이질 않는다.

외국인들이지만 손짓으로 서툰 영어로 일어로 웃음과 인사를 나눈다. 새로 이사 온 집도 자주 마주치며 얼굴만 보아도 정다운 이웃이 된다. 미국에서처럼 자연스럽게 미소로 손짓하면서 이내 친숙해지는 정다움이 뿌리가 내려진 것 같다.

'공짜로 안아 드립니다' 라는 글을 읽은 적이 있었다. 호주의 두

안만이라는 청년이 런던에서 시드니로 돌아온다. 마중 나온 사람이 아무도 없어 무척 외로움을 느꼈다. 가족들과 포옹하고 기뻐하는 사람들의 표정이 얼마나 보기 좋았던지 그는 프리 허그free hug 피켓을 들기 시작한다.

첫 손님은 외동딸을 잃어버린 할머니였다. 키가 작은 할머니를 무릎을 꿇고 따뜻하게 안아 준다. '참 오랜만이야 이렇게 따뜻하게 안아 주는 것' 만면에 웃음을 담은 그 영상이 인터넷에 뜨게 되어 세계 각지에서 프리 허그 캠페인이 이어져 훈훈한 정을 나누었다는 얘기다.

진심어린 미소, 따뜻한 교감이 만나는 모든 이에게 더없이 즐거운 삶이 되리라.

성당이란 공동체에서 교우들이 자연스럽게  인사를 나누며 정을 다지면 그보다 값진 보람이 없을 것이다. 웃으면 모두 사랑스럽다.

2009. 10

# 초록빛 파도

보리밭 이랑이 초록빛으로 일렁이면 온 산에 진달래가 흐드러졌다. 보리밭은 추억의 요람인 소녀시절을 떠올리게 한다. 푸른 보리 잎이 융단처럼 깔린 들판을 친구들과 떼지어 누비고 다녔다. 밭가양이나 두렁에 돋은 연두빛 나물도 캐고 촘촘한 보리도 솎아 내고…. 고희의 세월을 인 소녀가 봄날의 들녘에 서 있다.

밥상에 오른 나물국과 보릿국이 생기를 더했다. 뱃속에도 초록빛이 스며드는 것 같다. 한강변에 넘실거리는 보리밭에 서서 나는 익숙한 솜씨로 보리를 뽑아 둘째손가락의 세 마디만큼 입으로 살짝 자른다. 앞니로 밑 부분을 잘근 두어 번 깨문다. 보리피리 가락이 닐리리 닐리리 솜털구름 사이로 은은히 퍼진다. 동무들과 서로 겨누던 그 때 그 소리처럼….

보리밭에서 기차놀이를 하던 시절, 줄지어 발을 맞추어 밟아 가면 칙칙폭폭을 신나게 외쳤다. 뿌리가 튼실하게 잘 자란다는 어른들의 말에 신이 나서 당당하게 계속 밟았다.

친구들과 더러는 시샘하며 보리를 캐기도 했다. 그게 저녁상에 계절의 별미로 올려지면 막내가 캐 온 것이어서 국은 더욱 맛깔스럽다는 칭찬이 자자했다. 나는 제법 자랑스러운 듯 으쓱댔다.

보리가 패기 시작하면 이따금 보리밭에 아늑한 보리멍석이 생겨났다. 아침에 들을 돌아보던 어른들이 혀를 끌끌 차며 개탄하는 소리를 들으면서도  무슨 영문인지 몰랐다. 하필이면 성깔 사나운 과수댁 밭이라는 말에 까우뚱해졌다. 고개 숙인 사람은 아무도 없었지만 소곤소곤 뒷소리는 무성했다. 그  풋풋한 주인공들도 이젠 백설을 이고 있겠지.

장미향기가 무르익을 때면 보리는 빛깔이 바뀌지기 시작한다. 어려운 집에서는 채 익지도 않은 것을 미리 훑어서 보릿고개를 넘기기도 했다.

나는 밥 위에 찐 보리개떡을 즐겨 먹었다. 드문드문 밥풀이 묻은 것을 씹는 그 맛은 구수했다. 맷돌에 갈아 죽을 쑨 앞집 정이 네가 부러워 나는 걸핏하면 저녁밥을 한 양푼 쿡쿡 눌러 담아 그 집에 가서 바꿔 먹었다. 보리와 찐 찹쌀을 볶아 만든 미숫가루를 나는 좋아했다. 막 떠온 시원한 우물물에 타 먹는 맛은 희망의 활로 같기도 했다.

산에서 들에서 노는 일이 우리들의 일과였다. 보리깜부기를 먹기도 하고 바르기도 해 입술연지가 저절로 꺼멓게 칠해졌다. 보리밭 둔덕에서 전쟁놀이도 했다. 싫증이 나면 보리고랑으로 살금살금 기어가 보리를 한 웅큼씩 뽑았다. 산모롱이 후미진 곳에서 삭정이를 모아 불을 피우고 보리를 그슬렸다. 매캐한 연기에 눈물범벅이 되어도 아랑곳하지 않았다. 토닥토닥 구워지는 소리가 입맛을 돋구었다. 손바닥으로 문지르고 껍질을 호호 날렸다. 알까지 날아가서 몇 톨 남지 않는 연두빛 알맹이를 쫀득쫀득 씹었다. 재수 없는 날은 주인에게 들키기도 했다. 도망치면서도 그걸 놀이처럼 즐겼다. 언덕길로 빠져나와 삘기도 뽑아 먹고 찔레순도 꺾어 먹었다. 첫여름은 짧기만 했다.

나는 그 애틋한 그리움에 젖어 집 앞의 보리밥집을 자주 찾는다. 꽁보리밥에 고추장과 나물을 넣고 참기름을 둘러 아득한 향수를 만끽한다.

우울할 때면 마음속에 감도는 늘 푸르던 보리밭을 그린다. 유년의 뜰에 모여든 아물거리는 얼굴들. 한강 둔덕의 보리밭을 거닐며 가만가만 그 이름들을 더듬어 본다.

2003. 5

# 한강공원

지난겨울부터 한강이 부산하다. 반포, 뚝섬, 여의도 난지도 마곡 잠실, 암사 등 8개 특화지구에 '워터 프런트' 가 조성되기 때문이다. 한강물을 끌어올려 수로를 만들고 출퇴근은 물론 관광도 할 수 있는 수상교통망을 구축한다는 것이다.

첫 사업으로 반포 한강공원 야외무대의 조명과 교량 분수로 달빛 무지개를 띄운다고 한다. 잠수교를 사람들만 다니게 한다는 뉴스는 매일 걷기운동을 하고 있는 나에겐 반가운 소식이었다.

반포공원 개장과 함께 금, 토요일의 주말 클래식, 월드 뮤직 등이 다채롭게 선보이고 있다. 이 때 떠오른 달빛 무지개는 한마디로 현란하다.

1.2 킬로에 달하는 교량 분수는 44대의 수중펌프가 분당 60톤의 물을 뿜어 올려 연출하는 장관이다.

인도는 초록색이다. 자전거 길은 빨강색이다. 차도엔 차량이 경주하듯 싱싱 달렸다. 사람들이 줄곧 모여 든다. 낮보다 밤이 아름답다는 잠수교, 그 북단과 남단에는 공원이 하나씩 조성되었다. 북단 공원에는 무지개 분수가 남단 공원에는 달빛 광장이 조성되어 인라인스케트장이 눈부시다.

집에서 잠수교까지는 도보로 40분의 거리다. 북단의 이촌공원에서 강물 위로 떨어지는 분수를 구경한다. 8시 30분이 되면 시민들의 희망곡이 울려 나온다. 반포대교의 네온싸인이 형형색색으로 명멸한다. 모터보트도 즐비하게 정박해 있다. 유람선이 연이어 강물 위를 누비며 수상 택시가 쾌속을 즐긴다.

강가는 시멘트로 깔끔하게 단장되었지만 둔치는 옛 모습을 잃고 잡답한 소음에 시달리고 있다. 사람들의 의견 충돌이 잦다. 자기의 주장들만 거칠게 난무한다. 그 소리는 당사자들도 제대로 듣지 못한 듯 결국 어이없는 웃음으로 끝난다. 남편과 나는 부부싸움 할 일이 있으면 이곳에 나와 북적이다 보면 다 풀리겠다고 웃었다. 싸이클이나 자동차의 경주장처럼 정신이 없다.

강변북로로 발길을 돌렸다. 내닫는 차량의 물결에 신경이 곤두섰다. 인도로 올라서 목청껏 노래를 불러 보았다. 아무 소리도 들리지 않았다. 목소리는 온통 허공에 묻혀버렸다. 웅성거린 사람들은 대체로 서성거리다 걸음을 돌렸다. 몸살을 앓고 있는 강변, 늘 마음이 착잡하다.

60년대 이전의 한강은 데이트의 명소가 백사장이었다. 피서여행이 어려웠던 서민들의 짬짬이 휴식처였다. 한강변에 와 산 지도 30여 년이 되었다. 아파트를 분양받아 중, 고, 대학생들인 아이들을 데리고 입주했다. 교통이 불편하여 꼭 시골 같았다. 그러나 앞 베란다에서 보면 한강이 꿈의 요람 같았다.

아파트 뒤 곁으로 달리는 국철은 30분마다 두 칸의 전동차가 특별히 이어 주고 있었다. 강산이 세 번씩이나 변한 탓일까. 지금은 국수, 용문, 팔당까지 10량의 열차가 빈번히 오고 간다. 이 동네에서 네 아이를 공부시키고 성혼한 후 손자, 손녀들의 꿈까지 키웠다. 지나가는 열차에 손을 흔들었던 참 행복한 시절이었다

그 때는 갈대숲이 우리 키보다 더 컸다. 길도 누가 닦아서 나는 것이 아니라 사람들이 마구 밟고 다녀서 생긴 자연스러운 길이었다. 비가 오면 질퍽한 흙물이 발등까지 튀는 울퉁불퉁한 길이었다.

눈이 쌓인 한강변은 한 폭의 그림이었다. 흐벅지게 눈이 내리는 날은 건너편 아파트의 잿빛 숲들이 하얀 소복차림으로 어둠속에 잠들었다. 잠수교를 바라보면 바람에 쓸린 모래밭이 밭이랑마냥 줄이 그어져 있었다. 형국은 가을걷이가 채 마무리 되지 못한 들녘

같기도 하다. 아물아물 고향집 들녘이 달려오곤 했다.

녹색성장을 부르짖는 이때 한강변의 인위적인 변혁은 여러모로 걱정스럽다.

자연 그대로 잡풀이 자라고 갈대가 사각거리는 옛 서정이 그리워진다. 강변 따라 유채꽃이 나풀거리고 보리이랑이 넘실거리던 둔덕길이 아쉬워진다.

한강의 르네상스는 요란한 조명과 분수, 요트가 아니라도 많은 사람이 싱싱하게 질긴 추억을 쌓아가는 그런 문화여야 하지 않을까.

프랑스 파리 센 강의 야경에 감탄하는 것은 화려한 조명 기술보다 그들의 역사와 문화의 향훈 때문이다. 퐁뇌프 다리, 노트르담 성당, 에펠탑 등 문화유산이 센 강을 에워 쌓여있기 때문이다. 그에 비하면 한강공원은 분칠한  조명의 번쩍거림 같은 것이 아닌가 싶다.

청계천은 그래도 수많은 사람들이 끊임없이 찾아오고 주변의 상권도 활성화 된 곳이기 때문에 가까운 휴식처가 되었다. 한강공원에는 그런 접근성이 없다. 강변에 병풍처럼 늘어선 아파트, 초고속의 자동차의 질주에 많은 사람들의 심기가 편치 않다. 주변 아파트의 조경 사업의 하나로 전락 될 가능성이 있진 않을까. 나 홀로 옛 정취의 향수에 젖어 본다.

그래도 유유히 흐르는 한강, 우리들을 설레게 한다. 변함없이 우리의 안식처가 되어  행복을 싣고 유장하게 흐르고 있다.

강둑을 걸으면 너그러운 강물의 마음을 닮고 싶어진다.

2009. 5

| 제3부 |

# 나무꾼과 선녀

# 길

길은 여러 갈래다. 코스를 정해 놓고 가는 길이 있고 발길 닿는 대로 정처없이 걷는 길도 있다. 나는 늦게나마 어려운 글쓰기 코스를 찾게 되어 때때로 갖가지 상념에 부딪치곤 한다. 휴일 다음 날, 식구들이 모두 떠난 거실은 한갓졌다. 이런 날은 호젓하게 커피를 따라 그 향에 취해보기 일쑤다.

설날 연휴로 문학 모임을 한 주 쉬었다. 느긋했다. 그러나 그것도 하루 이틀이었다. 지루한 생각이 들었다. 쇼핑을 해보고 음악을 감상해 보고 책을 읽어도 집중이 되지 않는다. 서성거리다 더럽지도 않은 옷들을 손으로 빨고 대청소를 해보았다. 이렇게 하루하루를 지내는 것은 무엇을 하여도 신이 나지 않았다.

문우의 말이 떠올라 혼자 배시시 웃었다. 다니던 강좌를 그만두고 집에서 쉬려니 강의시간만 되면 안절부절 일이 손에 잡히지 않아 다시 등록했다는 그의 말이 새삼 실감되었다. 글쓰기를 시작했으면 이런 경우 바로 그것에 열중해야 할 터인데 왜 이리 산만한지…. 아무도 참견하지 않는 빈집에서 제 길을 챙기지 못한 자신을 돌아보았다.

몇 년을 그것에 몰두하였으나 뜻대로 진척이 되지 않아 한때 그 길을 접었었다. 여행을 한 바퀴 돌고 와도 마음이 풀리지 않았다. 백화점에서 쇼핑을 하다 말고 그 문화센터를 찾아가 보았다. 웬일인지 수필에 마음이 쏠려 구두로 등록하였다. 일주일 후 첫 강의하는 날에 나가보니 신청이 마감되어 불가능하다고 했다. 떼를 써서 청강을 하였다.

지난날을 다시 줍는 기분으로 그 길에 매진하였다. 빼 든 칼이니 무라도 베야겠다는 심정으로 버티었다. 나름대로 목표가 분명해지는 삶이 시작되었다. 한 발자국 물러서서 뒤돌아보는 여유, 나만을 집착하지 않는 눈이 띄어진 것 같았다. 서점을 찾아가 책을 고를 때마다 흐뭇한 생각이 들었다.

2001년 12월 마지막 날 남편은 막내딸 학위취득도 기뻤지만 대박은 내가 문단에 오른 것이라 했다. 온 식구들이 모여 건배도 하는 축하의 분위기였다.

등단지가 배달되었다. 미비한 글이지만 책에서 읽어보니 새삼 마음이 설렜다. 가까운 친지들에게 우편으로 보냈다. 이내 축하전화가 거실을 술렁거리게 했다. 서투른 글이지만 격려를 받고 보니 용기가 났다. 초등학교 일 학년인 둘째 손자가 "우리 할머니는 수필가래요."하고 으쓱대는 게 더없이 귀여웠다. 책을 가까이하는 할머니의 모습이 손자들에게 좋은 본이 되었으면 싶었다. 딸들이 옛날에도 자랑스러운 엄마였지만 지금은 더욱 자랑스럽다고 좋아한다.

시상식에서의 감동은 잊혀지지 않는다. 꿈 많던 소녀시절의 자신을 찾게 된 것 같아 기쁨이 무엇에도 비길 수 없었다.

이제는 가정생활에서도 다소 자유스러운 형편이 되었다. 시가의 대소사가 우선인 남편도 나를 먼저 배려해 준다. 밖에서 보내는 시간이 많아지니 남편이 스스로 식사도 해결해 준다.

가족들의 축하연이 봄밤을 하얗게 수놓았다. 더 잘하라는 채찍으로 알고 더욱 열심히 하리라. 바르게 살펴주신 선생님, 기뻐해 주는 문우들과 더욱 정진하리라. 돌아오는 길엔 목련 향이 짙다. 그 향기처럼 문향文香 이 사해四海에 퍼질 때까지 내 길을 묵묵히 걸어가리라.

2003년 봄날에

# 눈이 내리는데

올겨울은 유난히도 많은 눈이 내린다.

집을 나서자 "국경의 긴 터널을 빠져 나오자 설국이었다." 라는 가와바타 야스나리의 《설국》의 한 장면이 펼쳐 있다. 교통이 마비되어 온 나라가 눈과의 싸움이다. 운전하는 사람이나 추위 속에서 일하는 사람들은 눈 오는 날씨가 지겹겠지만 나는 어린아이처럼 마음이 설렌다. 고요하게 하얀 눈이 덮이면 첫사랑 같은 옛 이야기가 들리고 주체할 수 없는 그리움이 밀려온다.

103년만의 폭설이니 34년만의 혹한이니 하는 날씨에도 나는 밖으로 나갔다. 큰길가의 나목들이 잎이 우거졌을 때보다 색다른 정경으로 유인했다. 온 세상이 대작의 하얀 그림으로 점철되어 너그러운 마음이 되나 보다. 지친 가게 아저씨도 온화한 얼굴로 활짝 웃고 있다. 점원들이 가게 밖으로 나와 줄곧 신이 난 듯 눈싸움을 한다. 신작로에는 아이 어른 할 것 없이 눈 뭉치를 다독거리며 굴려댄다. 크게 눈사람을 만들 모양인지 모두들 열심이다.

저만치 세 젊은이가 크게 웃고 있다. 눈 속에서 차 앞바퀴가 튀어 나왔다고 재미난 듯이 깔깔대며 손을 내젓는다. 눈은 모든 것을 즐거움으로 정화한다. 신호등만 초록으로 빨강으로 웃고 있을 뿐 교차로에는 차라곤 얼씬하지 않고 있다. 도시는 정적 속에 묻혀 있다.

눈이 반가워 막상 거리에 나섰지만 선뜻 갈 곳이 없다. 조심조심 발 가는대로 걷다보니 나도 모르게 한강 가까이 와 있다. 유유히 흐르던 강물은 은빛 얼음 판 밑에 잠든 듯 조용하다. 얼음은 얼고 또 얼어 건너편 강둑까지 평원을 이루었다. 마땅한 돌멩이를 찾을 수 없어 호주머니에 든 손자 팽이를 꺼내 던지자 쨍~ 소리를 내며 날렵하게 도망친다. 보트들은 나루에 닻을 내리고 한가롭게 잠을 잔다. 한강변은 고요하기 이를 데 없다. 저벅저벅 내 발자국 소리만 퍼져나간다. 한참을 걷다 뒤돌아보니  집으로  돌아가기엔  꽤 먼 거리다.

눈은 하염없이 내리고 있다. 정강이까지 빠지는 강둑을 지나니 잔디밭이  하얀 들로 넓혀져 있다. 눈발이 코트 위로 모자 위로 하얗게 내려앉는다. 한강교까지 모둠 힘으로 한참을 부지런히 걸었다. 잡티 없는 숙연한 마음이 된다. 그대로 자연의 일부가 된 것 같다.

불현듯 어린 시절 친구들과 고향 산천을 헤맸던 일들이 떠오른다. 순수한 우정 앞엔 나이도 잊게 마련이다. 해맑던 언덕이 어느새 내 곁에 서 있다. 젊은 날들의 훈훈한 인연들을 공글러 본다. 잊었던 친구가 불시에 찾아온다.

교회를 같이 다니자는 그의 권유로 우리는 친구가 되었다.

시계가 흔하지 않던 그 시절에 예배당의 종소리는 정오를 알리는 크고도 편리한 시계였다. 온 읍내가 그 소리에 하던 일을 멈추고 점심을 챙기고 오후 할 일을 추슬렀다. 그 앞을 지나면 그 친구가 치는 풍금소리가 심심찮게 걸음을 멈추게 했다. 그 풋풋한 모습이 참 부러웠다.

첫눈이 내리는 밤이면 훤히 밝혀진 그의 창문을 두드렸다. 밤늦도록 눈길을 거닐며 많은 이야기를 나누었다. 언젠가는 친구가 너무 서둔 바람에 그만 얇은 옷을 걸치고 나온 적이 있었다. 그래도 아랑곳하지 않고 늦도록 재잘거리며 시간 가는 줄 몰랐었다. 나는 그런 편안한 마음으로 그와 한 몸이 되어 눈 덮힌 잔디밭을 사분사분 한참을 걸었다.

한강교, 그 교각의 리오 카페에 들어섰다. 내리는 눈이 넓은 강폭과 어울려 더불어 사는 평화의 상징처럼 포근하다. 그리운 소식이라도 올 것 같은 기다림을 눈발을 헤이며 다독거린다.

눈은 온갖 욕망의 때로 얼룩진 세상을 하얗게 정화해 준다. 가슴속까지 순진무구한  어린아이의 심성으로 되돌려준다.

포근하게 쌓이는 눈꽃을 맞으며 찬란한 봄을 기다린다.

2010. 1

# 가짜보석

쇼윈도의 보석은 지금도 눈부시다. 진열된 액세서리지만 오색찬란한 그 빛깔이 저절로 발길을 멈추게 한다. 매혹된 다이아몬드를 손에 넣고 나면 마음이 한없이 뿌듯했었다. 그러나 이젠 그것들을 만져보고 끼어보고 해도 마냥 담담하기만 하다. 나이 탓일까.

보석하면 모파상의 작품 〈진주 목걸이〉가 떠오른다. 여 주인공 로와젤은 가난에 쫓기면서도 늘 호화로운 생활을 꿈꾸며 산다. 남편은 말단 직원. 어느 날 상사의 파티에 부부가 초대되었다. 남편은 아내가 매우 기뻐할 줄 알았는데 오히려 뾰로통했다. 알고 보니 입고 갈 의상과 액세서리가 없는 탓이었다. 남편이 어렵사리 의상을 마련하고 액세서리는 친구의 진주 목걸이를 빌렸다. 파티에 참

석한 로와젤은 눈부시게 아름다웠다. 쏠리는 뭇시선에 우쭐한 마음이 그지없었다. 파티가 끝난 후, 타고 갈 마차도 없는 처지여서 남편은 아내가 추울까봐 후줄근한 외투를 벗어 감싸지만 부인은 이를 던져버린다. 이내 싸구려 마차를 타고 심드렁해진다.

집에 돌아와서야 목걸이가 없는 것을 발견한다. 당황한 부부는 정신없이 찾았지만 허사였다. 그들 부부는 집을 처분하고 빚을 얻어 3만 5천 프랑이란 거금으로 똑같은 목걸이를 사서 친구에게 돌려준다. 10년 고생 끝에 마침내 빚을 다 갚을 무렵 길거리에서 목걸이를 빌려준 그 친구를 만난다. 그의 친구는 할머니같이 찌든 아줌마를 알아보지 못한다. 그녀는 그동안의 사연을 이야기한다. 깜짝 놀라며 그 친구는 "어머나 이를 어째! 그것은 오백 프랑의 가짜 목걸이였는데……."하는 줄거리다.

여성이라면 누구나 가지고 싶은 것이 다이아몬드 같은 보석류일 것이다. 큰 알이 박힌 반지, 큰 알이 총총 끼워진 목걸이! 얼마나 보기 좋은가.

'다이아몬드 헤드' 라는 영화를 보았다. 광산주가 채석 현장의 광부들을 노예처럼 혹독하게 부려 먹는다. 영국인의 이익과 명예와 쾌락을 위한 아귀다툼이다. 케냐에서 펼쳐진 동족간의 간교한 배신행위 등등이 마치 보석이 인간의 덜미를 쥐고 있는 것 같았다. 영국 군부와 밀착된 관리자의 밀수와 악덕 인간들의 실상이 적나라하게 비교가 되었다.

다이아몬드 같은 보석에 대한 욕심 때문에 펼쳐지는 인간의 잔혹함이란 참으로 어이없다. '말 못하는 보석이 살아있는 인간을, 특히 여자의 마음을 움직인다.' 는 셱스피어의 말처럼 쇼윈도에 진열되어 있는 숱한 모조품에까지 넋을 잃고 있는 여자들의 표정은 사뭇 애처롭다.

물질 만능주의의 범람은 여자들의 보석 탐욕이 단단히 한몫하고 있다. 그러나 그것보다는 현재라는 이곳, 이시간이 매우 소중한 보석이 아닐까.

어떠한 보석도 삶의 전부가 될 수는 없다. 하고 있는 일에서 보람을 느끼고 더욱 부지런할 때 거기서 얻어진 마음의 보석이야말로 참 빛이라 할 수 있다.

한 때의 허황된 덫에 걸린 '진주 목걸이' 의 주인공은 우리에게 진짜 보석이 무엇인가를 가르쳐 주고 있다.

크라이너는, 사람은 세 가지 보물을 가지고 있는데 '첫째는 사랑의 실천, 둘째는 분수의 만족, 셋째는 겸양의 덕' 이라고 하였다. 모름지기 그 진짜 보물을 소중하게 가꾸었으면 싶다.

2007. 9

# 나무꾼과 선녀

나무꾼과 선녀仙女의 설화는 현대인들에게도 시사하는 바가 없지 않다. 나무꾼은 포수에 쫓긴 노루의 목숨을 구해주었다. 총각인 나무꾼은 노루의 도움으로 목욕하러 내려온 선녀의 날개옷을 감추고 선녀를 아내로 맞았다.

노루는 나무꾼에게 선녀가 아이 넷을 낳을 때까지는 옷을 주지 말라고 당부했다. 나무꾼은 행복하게 잘 살았다. 어느 날, 선녀가 딸 셋을 바라보면서 시름에 잠겨 있었다. 그 모습이 안타까워 남편은 옷을 그냥 내주었다. 날개옷을 입은 선녀는 세 아이를 안고 하늘나라로 올라가버렸다. 아이가 넷이었다면 과연 하늘로 오르지 못 했을까?

부지기수인 현대의 선녀善女들은 아이가 몇이 됐건 구실이 있는 아이만 안고 먼 외지로 날아들 간다. 기러기 아빠들이 그래서 문제가 되는 세상이다. 아이를 위해 멀리 간 것은 일단 모정 탓일 것이다. 그러나 이내 일개미 같은 나무꾼을 잊은 채 온갖 핑계를 붙여 귀국을 미루고 잘사는 옆집과 얼려 사치와 낭비에 빠지는 경우도 있다니 이를 어떻게 풀어야 할까?

현대의 선녀들은 가정과 가족의 소중함을 점차 잊어가는 것 같다. 제 잇속만 찾아 하나를 손에 쥐면 또 다른 욕구에 집착하면서 근면 절약 같은 건 옛 궁상쯤으로 여기는 듯하다. 부지런한 개미는 보지 않고 베짱이가 되어 허황한 노래만 즐기는 격이라 할까. '돈 나와라 뚝딱!' 그런 도깨비 방망이가 이 세상 어디에 있을 것인가?

지난날 한국의 어머니들은 어려운 시어른들 모시고 남편을 받들며 자녀들의 양육에 헌신하며 살았다. 사뭇 궁할 때면 식구들을 위해 찬물로 배를 채운 어머니들이었다. 이런 정성을 수없이 듣고 자란 선녀들은 어떤 어려움도 다 이겨냈었다. 어머니는 그래서 영원한 고향이기도 했다. 두 아이는 걸리면서 두 아이를 안고 걸어도 어머니의 표정은 마냥 행복 그것이었다. 앞서거니 뒤서거니 도란거린 그 추억들이 어머니의 따뜻한 가슴이었다.

텃밭에서 가꾸어 먹던 채소도 이젠 슈퍼에 전화 한 통화면 즉각 배달되는 세상이다. 취사, 설거지, 빨래, 청소도 다 기계가 해준다. 그런데도 아이들을 놀이방에 맡기기 일쑤다. 더욱 여유를 즐기기 위해 아이들의 과외를 릴레이 식으로 짜기도 한다니 안타까운 일이다.

인터넷 게임에 빠져 아이들을 돌보지 않고 마침내 빚에 쪼들려 가정을 떠난 사례가 늘고 있다고들 한다. 그들이 어디를 간들 과연 마음 편히 살아갈 수 있을까?

결혼을 앞둔 선녀들은 남편들이 모두 자기들만을 위한 슈퍼맨이 아님을 새삼 되새겼으면 한다. 부부는 합심하여 한 가정을 세우고 아이들을 바르게 기르는 사랑의 두 지주이다. 편안히 저만 잘 살 조건을 따지는 결혼이 반드시 마지막까지 웃을 수 있는 열쇠가 아님을 냉정히 곱씹어 보아야 할 것이다.

농사만 짓고 살던 세상이 산업사회로 바뀌면서 핵가족의 시대가 열렸다.

부지런히 벌어서 흥청망청 잘 쓰는 것이 미덕이라고들 했다. 그런 분위기에서 생겨난 이기심이 더불어 사는 여러 틀들에 부딪쳐 소외현상을 빚고 있다.

멀리 떨어져 산 일부 선녀 엄마와 나무꾼 기러기 아빠의 괴리도 이런 현상의 하나가 아닐까 싶다.

나는 나무꾼 남편을 두고 하늘에 오른 선녀仙女엄마가 기른 세 딸과 기러기 아빠 남편을 두고 멀리 떨어진 선녀善女엄마가 돌본 딸들이 과연 어떤 모습으로 성장할까 하는 엉뚱한 상상을 해본다.

옛날 농사만 짓던 시대처럼 온 가족이 서로서로 위하면서 하나가 될 수는 없겠지만 아무래도 그때의 그런 사랑 그런 윤리만은 되찾아 계승해야 하지 않을까 싶다.

거듭 엉뚱하게도 나는 하늘의 선녀는 옷을 돌려준 나무꾼 남편의 여린 심성에 동정하여 그 우화등선羽化登仙을 자제할 수는 없었을까 하는 억지생각을 해 본다. 지상의 선녀는 부지런한 일개미 같은 기러기 남편의 외로운 노고를 재성삼고再省三顧하여 되돌아와 단란한 부부, 부자, 모자, 형제자매간의 사랑의 협력 속에 저마다 알맞은 길을 즐기는 총화로 꽃피울 수는 없을까, 그런 가난뱅이 생각을 곱씹어본다.

2003. 8

# 다시 찾은 땅

6월이면 6 · 25전쟁 당시 금화 백마고지의 격전에서 산화한 12만 여명의 혼령 앞에 애틋한 명복을 빌게 된다.

몇 년 전 국토 분단의 현장, 신탄 역을 찾았다. 고개 너머 불과 4 킬로 지점이 북한 땅이라 했다.

차창에 비치는 들녘은 듬성듬성 이어진 초소와 보초병들의 움직임이 보이는 것 외에는 여느 농촌과 다를 게 없었다. 정부가 150여 명의 농사꾼을 이곳에 정착시켜 2,000여만 평의 들에 농사를 짓게 해서 지금은 집집마다 3대 이상의 차를 가진 부촌이 되었다. 외출용 승용차 및 농사용 트럭, 경운기 콤바인 등등. 대문도 울타리도 없는 열린 마을로 접적지역 답지 않게 평온하기만 하다.

백마고지가 훤히 보이는 전승비 앞에서 발길을 멈췄다. 뒤에는 동관 서관으로 나뉜 전승관이 있다. 북쪽을 향한 팔각의 종각도 있다. 종을 쳐보았다.

북녘 땅까지 울려 퍼질 듯하다. 전승관은 과거, 현제, 미래를 새의 형상으로 구상한, 통일을 기도하는 모형이다. 기념관에는 백마고지의 전투상황이 잘 재현되어 있다. 휴전을 앞둔 52년, 평강 철원 금화를 잇는 이른바 철의 삼각지를 서로 선점하려고 벌인 처절한 쟁탈전의 실황이 떠올려져 참담한 생각이 들었다.

국군 9사단과 중공군, 팔로군은 10일 동안 무려 스물네 번이나 밀고 밀리는 격전을 펼쳤다. 10월 12일 공격부대의 최선봉에서 소대장 강승우와 안영권, 오기병 일등병 등이 박격포탄과 폭약을 안고 적 토치카에 돌진하여 장렬하게 산화하였다. 그 순간 사기가 오른 장병들이 단숨에 낙타 능선을 돌격하여 삼각지대를 완전히 장악하였다. 당시 국군 사상자의 군번줄이 한 트럭이나 되고 생존자는 불과 10여 명이었다는 전설 같은 이야기에 저절로 눈물이 맺혔다.

산 옆 외딴 골짜기에 혼자 누워 있는 국군을 본다.
누런 유니폼에 햇빛에 반짝이는 어깨의 표지
원수와 싸우기에 한 번도 비겁하지 않았노라고

나는 그 헌시에 고개 숙여 묵념을 하였다.

그 때 백마고지를 사수하지 못했다면 넓으나 넓은 철원평야는 물론, 의정부, 한탄강까지 이북의 장중에 있었을 것이니 등골이 오싹해진다. 비무장지대를 이은 봉긋봉긋한 산봉우리들이 신기롭게 보인다. 백마고지는 그 때의 격전 속에 수목이 다 파여 백마처럼 보였대서 붙어진 이름이라고 한다. 외신기자의 질문에 부대장이 엉겁결에 'white hill' 이라고 대답한 데서 비롯된 것이라고도 한다. 백마고지 좌측의 삼슬봉은 폭격에 1m나 내려앉아 아이스크림 고지라고도 불린다. 김일성이 3일 동안 식음을 전폐할 만큼 애석해 했다는 그 김일성 산도 지금은 무거운 정적에 싸여 있다.

제2 땅굴로 가는 길은 넓은 평야를 한참 달린다. 토교 저수지는 은빛 물고기가 뛰는 듯 눈부시게 반짝인다. 철새의 도래지로도 한 몫하고 있단다. 수백 마리의 쇠기러기 떼, 천연 기념물 202호인 재두루미, 203호인 두루미 청동오리 떼가 들머리에 까맣게 내려 앉아 비무장지대와 좋은 대조를 이루고 있다.

분단된 땅의 긴장된 현실과는 아랑곳없이 철새들은 평화롭게 군무를 즐긴다.

양지바른 들판엔 마치 군인처럼 줄지어 앉은 독수리 떼들이 한가하다. 두루미는 월동을 위해 시베리아에서 날아 온 새답게 느긋한 휴식을 취하고 있다.

퍽 신선하게 보인다.

제2땅굴에 도착. 노란 철모를 쓰고 초입부터 가파른 굴에 들어섰다. 이 굴은 경계하던 국군 2명이 이상한 폭음을 듣게 된 것이 발견의 실마리였다 한다. 이를 확인하기 위해 농업진흥공사의 시추장비가 무려 45개 시추공을 뚫었는데 그 가운데 7개가 터널공간에 이어져 개가를 올리게 된 것이다. 굴은 너비와 높이가 2미터, 길이는 5킬로에 달하는 암석층 굴진 아치형이었다. 이 규모는 한 시간에 3만 여명의 병력과 그에 따른 중화기를 이동할 수 있는 엄청난 것이라 했다. 지금도 시추공에 물을 부어 감시를 계속하고 있는 군인들이 새삼 늠름하게 보였다.

철원의 삼각지 전망대에서는 비무장지대, 평강고원, 피의 능선, 북의 선전막사, 우리의 전광판 등을 한눈에 바라볼 수 있었다. 장애물 없이 탁 트인 찬란한 벌판이 크게 숨 쉬고 있다. 아! 저 곳이 이북 땅이라니…. 단숨에 달릴 수 있을 것 같다. 맞은편은 북단 종착역인 월정역이다. 경원선 철로에 녹슨 철마가 말없이 누워 있다. 곳곳에… 철로의 흔적이 애처롭다.

3층 러시아식 콘크리트건물인 노동당사 앞에 발걸음을 멈췄다. 음침한 분위기였다. 건물 전체의 총알자국이 민족의 비극처럼 아프게 흩어졌다. 공동 경비 구역에서 탐방자 모두가 함께 영화를 보면서 동포간의 불행을 다시금 곱씹었다.

50년 만에 북한을 탈출한 국군 포로 전용일 장병은 그해 7월에 금화지구 전투에서 포로가 되었다 한다. 북한에는 아직도 생존한 국군 포로들이 500여명이나 된다니…. 다시 찾는 땅에 대한 정회가 새삼 애처롭다. 올해도 나라를 위하여 목숨을 던진 젊은 넋에 헌화하며 세계 12위의 경제대국을 이룬 그 힘의 근원이 그들의 희생이었음을 다시금 감사한다.

2007. 6

# 달達과 궁窮

요즘 젊은 세대는 편하게만 살아서 인내의 소중함을 모르는 것 같다. 한두 번의 어려움도 극복해보려고 노력하지 않고 쉽게 목숨을 버리는 경우가 없지 않다.

연예인들은 인기를 쫓아 앞만 보고 달리는 경향이 있다. 어쩌다 팬들로부터 외면을 당하게 되면 자신을 잃고 실의에 빠져 세상을 등지기까지 한다. 이런 파장이 마침내 동반 자살을 부추기는 인터넷 사이트까지 생기게 하는 세태가 된 것이 아닐까 싶다. 안타까운 일이다.

옛말에도 '소년등과 부득호사少年登科 不得好死' 라는 말이 있다. 소년시절에 과거에 합격하면 좋게 죽지 못한다는 뜻이다. 인성의 수련이 미흡한 나이에 불쑥 출세를 하게 되면 뒷감당이 힘들다는 경고일 것이다. 요즈음은 10대 20대의 연예인들이 대중의 우상으로 뜨는 시대다. 소년등과나 다를 바 없다. 이들이 뒷감당이 힘겨워 우울증을 앓는 사례가 늘고 있다고들 한다. 조기 교육이 성황을 이룬 세상이지만 무릇 생명현상이란 제대로 자랄 수 있는 충분한 시간이 필요한 것이다. 교육은 그래서 그 기간의 효율화에 알맞은 과정이어야 한다.

요즘 엄마들은 유아들을 걸핏하면 놀이방에 맡기고 취학 전부터 여러 학원에 보내고 있다. 초등학교의 경우도 하교시간이면 여러 학원차가 늘 교문 앞에 대기하고 있는 실정이다. 하루 내내 이렇듯 공부에만 시달린 아이들이 피곤에 치쳐 나약해질 수밖에 없다. 옛날 어머니들이 고비마다 보듬어주고 사랑하며 새로운 것을 하나하나를 일깨우며 자신감을 길러주고 참을성을 갖게 했던 과정과는 판이하다.

내 아는 한 고향사람은 착실한 공직자로 주변 사람들의 선망의 대상이기도 했다. 뜻밖에 어떤 사건에 연루되어 법정에까지 서야 하는 입장이 되었다. 며칠 동안 두문불출하다 스스로 목숨을 끊었다는 보도였다. 살다 보면 별별 일이 다 있는데 조금만이라도 가족을 생각했다면 그런 길은 택하지 아니했을 것이다. 그리 큰 문제는 아니었던지 함께 조사받은 사람들은 그렁저렁 수감은 되지 않았다. 고지식한 그만 귀한 생을 마감하고 만 것이다. 인기가 떨어지거나 불행한 일이 닥쳤을 때 이를 어떻게 극복할 것인가가 문제가 된다.

맹자는 '달즉겸선천하 궁즉독선기신達卽兼善天下 窮則獨善其身' 이라 하였다. 일이 잘 될 때는 천하와 더불어 좋은 일이 따르지만, 힘들 때면 스스로 극복할 수밖에 없음을 이르는 말이다. 누구나 어려움에 부딪치면 홀로 해결해야 한다. 노상 행운이 따르는 사람은 없다. 뒤안길은 누구에게나 있다.

인생은 산과 같아 어느 골짜기에서 언제 무슨 일이 일어날지 모른다. 그 진리를 터득하고 미리미리 대비하다면 저절로 여유가 있으리라.

《젊은 베르테르의 슬픔(1774)》이 출간되자 젊은이들 사이에 이를 모방한 자살이 심각한 사회문제가 되었었다. 이를 '베르테르 효과' 라 했다. 우리나라의 자살율도 걱정할 수준이라 한다. 〈로스엔젤레스 타임스〉는 '한국의 자살 전염병' 이라는 칼럼에서 '역사상 가장 두드러진 경제 사회적 변동, 고도의 도시 산업화가 한국인을 죽음으로 몰고 있다' 고 지적했다. '고도의 산업 효과' 라고나 할까. 대량생산 대량소비의 과다경쟁과 그 양극화 현상에 따른 갈등이 그 원인이 아닐까 싶다.

누구든 언제 올지 모를 불행을 더욱 값진 행운으로 바꿀 수 있는 기회로 삼아 스스로 꽃을 가꾸고 바라볼 수 있는 마음으로 사회도 더욱 소중하게 가꾸어 나갔으면 싶다.

2007. 2

# 매미 울음소리를 들으며

장마가 걷혔다. 아침 일찍부터 매미소리가 요란하다. 고층아파트인 우리 집 방충망에 소풍이라도 나왔나 보다. 장마철의 빗줄기에도 쓸리지 않은 느긋한 울음소리다. 때가 되면 미련 없이 떠나겠다는 전주곡같기도 하다.

여름날의 피서는 나무 그늘이 최고다. 쉼터에서 매미 울음소리에 젖다보면 고향 생각이 절로 난다. 대청마루에 누워 시득부득 오수에 잠기다가 퍼뜩 밖으로 나가면 언제나 동무들이 놀고 있었다. 함께 애매미 유지매미 참매미 등을 찾아 나서기도 하고 그늘 밑에 둘러앉아 독받기도 하고 다투어 수다도 떨었다.

가로등이나 아파트 불빛에 매미도 불면증을 앓는지 때도 모르고 울어대기 일쑤다. 도시 문화를 탄하는 외침 같기도 하다. 밤과 낮을 잃어버린 여름날의 엉뚱한 공해다.

지칠 줄 모르고 밤낮으로 울어대는 매미소리에 귀를 막을 방도가 없다. 나는 TV를 켤 때마다 그것이 매미소리 같기도 해서 피식 웃는다. 현란한 정치 쇼, 호화판 바캉스 쇼, 푸짐한 먹을거리 쇼, 까우뚱 손짓하는 보험 쇼, 희비에 얽힌 주식 쇼 등등이 되풀이 되고 있어서다.

여름은 더워야 맛이다. 그러데 아나운서는 "아아, 이 더워! 오늘은 무려 몇 도까지 오른다."며 앞질러 땀을 내게 한다. 무릇 생체는 자연의 상호작용 속에 스스로를 보위하는 힘이 있을 터인데 그런 엄살 보도를 마치 매미 울 듯해대니 갑자기 양은냄비처럼 뜨거워지게 마련이다. 그 지겨움이 과연 나만의 과민반응일까.

매미의 일생이 너무 짧아 그 울음이 그리도 간절한 것일까. 긴 세월을 굼벵이로 살다가 10개월에 걸쳐 애벌레가 되고 성충으론 불과 2~3주를 살고 만다. 밤낮으로 애달프게 울어대는 호소가 충분히 이해된다. 더구나 그게 간절한 사랑 부르기라니…. 숫매미들이 접근을 경쟁하는 것은 당연한 미덕일 것이다.

예로부터 매미를 군자지도君子指圖라 했다. 공기와 이슬을 마시고 사는 매미의 5덕을 그럴듯하게 지적한 말이다. 머리의 반문은 바로 관冠이고 이슬을 마시고사니 청淸이며, 곡식을 먹지 않으니 염廉

이고 집을 짓고 살지 않으니 검儉이며 계절을 지키니 그것이 신信이라는 것이다.

남에게 해를 끼치지 않고 성충이 되려고 나무 위에 오르는 것도 모든 새들이 잠자는 밤중이란다. 새들이 깨기 전에 탈바꿈을 한다니. 사람들처럼 아비규환의 투기물결 같은 것에 허둥대는 일은 아예 없다.

보통 매미의 변태주기는 6년에서 길면 12년이란다. 미국 동부의 브러드X(매미 종류)는 17년마다 수십억 마리를 쏟아낸다고 한다. 2004년이 바로 그 주기여서 많은 주민들이 그 고고음呱呱音에 밤잠을 설치게 되어 몇 주간이나 피신을 했다고 한다. 평당 1,200여 마리의 밀집으로 그 소리가 제트기 엔진 수준이었다 하니 가히 짐작할 만하다.

더욱 재미있는 건 브러드X란 매미가 사업가들에게 특별 호황을 누리게 한다는 점이다. 호텔에서 고급 고단백 유충 요리로, 칵테일용으로 선풍을 일으킨 데다 매미 모양의 초콜릿을 베개 맡에 놓고 자면 행운이 온다는 전설적 선전공세로 떼돈을 벌었다는 것이다. 그러나 이건 사람의 상혼이 빚은 한낱 이변일 뿐이다.

그런 부의 축척 같은 얘기는 우리나라에도 있었다. 일제하 초등학교에선 파리잡기 숙제가 연일 이어졌다. 그러나 그게 그리 쉬운 일이 아니었다. 이를 본 어떤 사람이 일본사람 집에서 우연히 유리로 만든 파리통을 보고 그것을 대량으로 수입하여 '범벅덩이에 파리가 붙는다.' 고 외치면서 아이들을 불러댔다. 과연 파리채 사냥과 견줄 바가 아닌 싹쓸이였다. 선풍적인 판매실적을 올렸다. 그 바람에 그는 떼돈을 벌어 갑부소리까지 들었다. 돈 버는 재간은 역시 세상을 보는 눈이 밝아야 하는 게 아닌가도 싶다.

개미의 5덕은 오랜 인고의 세월을 수습한 순수 무상無償의 덕일시 분명하다. 그런 매미를 다시 생각해 본다. 더 많은 땅 더 많은 집들을 투기대상으로 붙들고 있는 영악한 인간들은 그래도 한 번쯤은 매미의 덕성을 되새겨 볼법 하지 않은가!

시원한 팽나무에서 쓰쓰르 맴맴 소리에 가락을 맞추던 동심이 새삼 그리워진다. 참매미가 "쓰쓰르 맴맴." 세차게 울어대던 그 소리가 지금도 귓가에 쟁쟁하다.

2006. 8

# 문학의 밤

어둠을 헤치고 남녘을 향해 달린다.

진해에서 열리는 Y문우의 출판 기념회에 가는 길이다. 원로 문인들을 모신 문우들은 모두 한 마음이 되어 지루한 줄도 몰랐다. 오후 1시에 도착. 고향에라도 찾아온 듯 진해는 낯설지 않은 조용한 어촌 같았다. 진해는 그 이름만 들어도 벚꽃 축제로 인파가 들끓는 그 하얀 꽃길이 머리에 떠오르던 곳이다. 창원과 진해 사이의 터널이 생기기 전에는 산하를 굽이굽이 돌아야 했다. 그 길목을 돌 때마다 눈꽃 맞을 생각뿐이었는데 오늘 멈춘 진해는 그저 조용한 시골이다.

20여 년 전, 나는 남편의 직장을 따라 창원에서 몇 년 살았다. 시골 생활에 젖어 방학 때가 되면 아이들과 얼려 순박한 어린이가 되었다. 더러는 진주나 마산 등을 종일 구경하였다. 멋을 한껏 부리며 사진을 찰칵찰칵 찍었다. 기대를 가지고 현상하려는데 뜻밖에 빈 카메라였다. 그 때의 황당함이라니…. 지금 생각해도 웃음이 나온다. 오랜만에 들른 진주는 여러모로 변하여 서먹서먹하지만 적토산은 여전히 우뚝하게 서 있다. 날씨마저 우리를 반긴 양 봄날처럼 따사롭다. 해풍에 심신을 날려본다.

군항제 때 개장된 해군사관학교 일대는 인파로 붐볐다. 우리뿐인 오늘은 여유만만한 탐방이다. 바다가 지척에 이어진 산책로는 상큼한 정취이다.

해거름의 바다는 황금빛으로 아롱져 황홀하다. 그 빛을 안고 아름드리 벚나무 밑을 느릿느릿 걸어본다. 벚꽃을 일본을 상징하는 국화로만 여겼을 땐 쓸쓸함이 없지 않았지만 그 본산지가 제주임이 밝혀진 오늘의 입장은 무척 편안하다.

생도들의 당당한 자세와 구리빛 얼굴들이 듬직하다. 거북선의 과학적인 설계와 기능, 그것으로 한산대첩의 통쾌한 승전고를 올렸으니 이순신 장군의 그 숨결이 생도들 가슴마다 물결치는 듯하다.

2,000억 원이 넘는다는 잠수함들, 전쟁의 승부는 물밑에서 겨누는 시대임을 당당히 역설한다. 그에 대비한 연구는 날로 거듭된다

는 설명에 간담이 서늘해졌다.

바다를 지키는 해군들의 노고를 우리는 너무 모르고 지냈다. 함정 하나의 길이가 축구장보다 20미터나 더 길고 아파트 11층 높이라고 소개한다.

유사시엔 몇 달을 버틸 수 있는 군수품이나 식량을 적재할 수 있다니 참 무시무시한 힘이다. 해군 지원병은 육군의 십 분의 일도 못 미친다니 좀 안타까웠다. 부모들은 불안한 심정을 자식들 물가에 내놓은 것 같다는 말을 자주 한다. 옛날부터 물을 무서워하는 풍조가 해군을 기피하는 원인인 것도 같다.

바다를 지배하는 자만이 세계를 지배한다는 영국은 대영제국을 이루었으니 삼면이 바다인 우리나라도 여러 각도에서 심사숙고할 일이 아닌가 싶다.

이승만 대통령 시절의 그 별장에 들렀다. 그 당시는 이곳을 비교적 자유롭게 들릴 수 있었다. 60여 년 전 8월, 아시아 집단방위체제 구축에 대한 예비회담이 열렸던 그 현장이다. 우리 이승만 대통령, 중국의 장개석 총통, 미국의 무쵸 대사가 앉았던 그 자리에 우리도 앉아서 그들처럼 회담을 하는 척 자리를 잡아본다. 권좌의 그들도 결국 공수래공수거空手來空手去인 인생무상의 일원임이 새삼 절감 되었다. 망망대해를 굽어보면 아직도 여전히 분단된 조국이 안타까움을 더한다.

집기들의 초라함은 어려웠던 그 시대를 짐작하게 했다. 가장 인상 깊은 것은 화장실 앞마루가 비상 통로인 점이다. 해안으로 연결된 좁은 통로가 비상시엔 그냥 빠져나갈 수도 있겠다는 생각이 들었다. 일본군 통신대가 이런 비상 통로를 만들었다니 그 이중성이 짐작할 만했다.

저녁 6시에 Y수필가의 기념회가 해군학교 강단에서 성대하게 열렸다. 아직 등단도 못한 나는 부러운 마음뿐이었다. 식순에 따라 축제 분위기가 이어졌다. 글 쓰기에 전념할 것을 다시 한 번 다짐하였다. 먼 거리를 달려와 같이 동참한 의의를 되새겼다. 좋은 자극이 된 듯했다.

물러나지 않고 열심히 글을 써야겠다는 다짐을 거듭했다. 겨울밤은 깊어만 갔다. 축하의 뒤풀이도 즐겁게 끝났다.

어깨를 부딪치며 문우들과 합숙하였다. 군인들의 취침처럼 머리들을 맞대듯 열한 명이 양쪽으로 누웠다. 학창시절의 수학여행 침실 같다. 사람들이 머리 위로 화장실을 오락가락해서 잠을 자주 깨곤 했다. 세면실 앞 줄서기, 둘러앉아 서로 메이컵 하기, 옷과 악세사리 코딩하기, 패션 쇼 연출하기 등으로 웃고 또 웃었다. 짙은 농담도 오갔다. 더 가까운 지란芝蘭의 사귐으로 남을 듯하다. 격의 없는 여정이었다.

실수도 없지 않았다. 아침식사 때 보니 ㅊ문우의 머리모양이 어제와는 완연히 다르다. 화장대에서 신나게 스프레이로 머리를 세우는데 어쩐지 제대로 되지 않아 자세히 살펴보니 그게 파리약이더란다. 화급히 씻고 또 씻고 법석을 떨었지만 결국 그 모양이 되었다는 것이다. 속상한다고 한 대 꼬나 물었더라면 우리 남편 춤췄을 것이라고 너스레를 떨어 박장대소가 폭발했었다. 웃음의 위력은 금방 파도를 타고 출렁거렸다. 돌아오는 길은 끼리끼리 남은 이야기로 훈훈한 분위기였다.

2001. 1

# 일상의 여유

가을 하늘이 맑고 드높다. 은행나무의 노란 잎들이 춤추며 내려와 붉은 우레탄 길 위에 화사하게 쌓인다. 싸늘한 바람이 코끝을 스치면 마음은 오히려 훈훈해 온다.

나는 아파트 앞 가로수 터널을 자주 걷는다. 그 길을 걸어가면 어느새 평온한 마음이 찾아든다. 건너편 아파트 사이로 포플러와 은행나무가 조화를 이룬 정원 길이 보인다. 쭉 뻗는 그 길이 가르마처럼 정갈하고 후련하다. 고향의 어느 길처럼 펼쳐져 그리움이 흐른다. 콧노래를 부르며 그 길을 즐겨 걷곤 한다.

가로수 밑에 쌓이는 낙엽, 바람이 불면 코트 위에도, 머리 위에도 너울거린다. 나뿐만 아니라 지나는 사람들이 순식간에 환상적인 노란 길을 소요하게 된다. 조금 지나면 우리 동네 파출소가 한 가롭다. 그 옆 놀이터에는 천진한 아이들의 웃음소리가 끊이지 않는다. 젊은 엄마들은 자판기에서 커피를 뽑아 마시며 아파트 뜰과 은행나무 터널을 말없이 바라보는 여유를 즐긴다.

뒤돌아보는 공간이 느긋해서 좋다.

파출소 앞마당에는 예전의 장독대가 그대로 재현되어 있다. 이사 가는 사람들이 두고 간 독들이라고 했다. 장을 담글 가정에서 독이 필요하다면 언제든지 웃으며 빌려준다고 한다. 어머니의 감칠맛 나는 손끝을 잊지 못하는 누군가가 그런 발상을 했나 보다.

점토를 곱게 다져서 구운 백자기와는 달리 단조로운 공구로 어리무던하게 만든 생활 도기다. 표면의 숨통을 통해 순환되는 공기로 김치나 장의 맛을 숙성시킨다. 옛 분들의 그런 지혜를 익혀 나는 팥, 콩, 참깨 고춧가루 등을 저장그릇으로도 곧잘 이용한다. 먼저 깨끗이 닦는다. 윤이 나게 닦여야 담겨진 곡식이나 반찬이 제대로 숨을 쉰다. 장독대가 깨끗해야 어머니의 정갈함이 되살아난다.

나뭇잎들이 바람에 서로 몸을 비빈다. 다정했던 친구도, 그 애틋함도, 어느새 단풍이 되어 하나 둘 스러지고 있다. 그 정이 아쉬워 낙엽을 밟으며 스산한 마음을 다스린다.

세월이 많이 흘렀다. 숱하게 달라진 현실을 그대로를 인정해야지. 나이답게 긍정적인 마음이 되어야지. 안 되는 일은 억지 부리지 않고 뒤로 미루고 차분한 마음으로 기다려야지. 즐거운 일만 생각하고 낙엽이 쌓인 하오의 길을 걸으며 나름대로 여유를 챙겨야지. 그런 다짐을 한다.

한강대교에 다다른 지점에서 아파트 초입의 소나무, 단풍나무, 감나무, 은행나무들이 어울린 풍치에 발걸음을 멈춘다. 골목이 좁아진다. 두 사람이 비껴갈 만한 외가닥길이다. 미로처럼 꾸부러진 길엔 인적이 없다. 서울에 이런 운치 있는 오솔길이 있다니…. 그 옛날처럼 야릇한 설렘이 온다. 눈을 감아도 선히 떠오른다. 어린 시절의 그 오솔길을 나는 혼자서도 자주 찾았다.

집을 나서 골목길을 벗어나 언덕을 넘고 신작로를 따라 가다 북단 언덕배기로 올랐다. 옛 성의 고즈넉한 성루 앞까지 가며 숨을 헉헉거렸다. 송림이 우거진 하얀 오솔길. 솔바람소리에 취하여 숲길을 서성거렸다. 낙엽을 밟으며 오롯이 걸었다. 하루 종일 시를 읽고, 사색하며 돌아오는 길은 성터 너머의 교회당 길을 택했다. 언제나 풍금소리가 난다. 늘 기다리던 친구의 환한 웃음은 뉘엿뉘엿 지는 노을에 맑게 퍼졌다. 나처럼 이따금 회상하겠지.

정겹게 이야기를 나눈 그리운 시절을…. 숲은 지나가는 바람에 쏴쏴 일렁인다. 나는 외길에서 주춤주춤한다.

오른쪽으로 방향을 바꾸어 본다. 길 양편에는 낙엽이 수북하다. 시간이 얼마나 흘렀는지 골목길엔 어두움이 내리고 있다. 느긋한 충만감이 나를 평온하게 한다.

별 무리 아래 깊어가는 가을밤, 골목 입구의 군밤 냄새가 구수하다. 호호 불며 마음을 녹이던 그 맛이 따뜻한 향수로 살아난다.

거실로 돌아와 불을 밝힌다. 아늑하다. 따끈한 유자차를 마시며 이 생각 저 궁리로 나래를 편다.

2006. 11

# 작은 행복

복에 겨운 소리로 들릴지 모르지만 산다는 게 문득 허허로울 때가 있다. 나이 들수록 재미가 없어져 간다. 서로 나누는 인사말도 "무엇하고 지내세요, 요즘 어떻게 보내세요."하는 식으로 변했다. 요즘 화제가 되고 있는 로또 복권의 대박 같은 것에 관심도 없고 증권 한 장도 사보지 못한 채, 술 한 잔 마시는 객기도 없다. 더구나 담배는 평생 한 개 피도 입에 대본 적 없으니…. 생각하면 나라는 사람은 도대체 무슨 낙으로 사는 것일까?

자동차가 기름을 넣어야 달리듯이 살아가는 데도 무엇인가 활력소를 넣어야 재미가 난다. 그동안 아이들을 키우는 낙으로 살았다. 그러나 이젠 아무리 자식이라도 성혼하고 제금나 살아가는 그들의 세계와 나와는 너무 다르게 멀어졌다. 일상의 언어부터 감정이나 사고가 훌쩍 커버린 그들의 테두리 밖에서 문득 혼자라는 것을 절감한다. 그들 사이에 낄 수도 없다. 뒤늦게 젊은 시절의 그 위치로 돌아 볼 수 있는 마음가짐으로 글쓰기에 매달려 살아가는 의미를 찾고 있다.

무료함을 떨쳐 버릴 수 있는 좋은 방법으론 언제나 시작할 수 있는 운동이 제격이다. 산을 오르내리며 걷는 게 자유롭고 편하다. 오를 때는 인생역전의 굴곡을 극복하는 인내를 배운다. 정상에 올라 그 세월의 무게를 헤아리며 벗는다. 내려오는 길은 노화의 무력과 허무를 미리 연습하는 것이 될까….

골프, 테니스, 헬스처럼 시간에 쫓기는 운동이 아니어서 좋다.

미쳐야 미친다는 말이 있듯 운동도 중독이 되어야 오래 지속된다. 걷는 것이 얼마나 즐거운지. 습관이 되어 나는 날마다 그렇게 길을 따라 걷는다.

날씨 좋은 날의 화평함, 바람 부는 날의 포효를 잔잔히 음미한다. 비가 오는 날은 우산을 두드리는 타악의 낭만에 젖는다. 밤이면 집 뒤로 돌아 동네 한 바퀴를 바지런히 걷는다. 아파트 창문에 눈길이 쏠린다. 빌딩 숲의 휘황한 불빛이 국력의 상징처럼 자랑스럽다. 1층부터 꼭대기까지 일 열로 불이 켜진 집을 세어본다. 여태까지 불이 켜지지 않는 집들은 이가 빠진 듯 어둑한 정황이 느껴진다. 그런 시간대에도 걷는 사람들이 많다. 번잡한 도시의 일면을 느낀다.

강변에 살다보니 강둑에도  자주 나간다. 강물에 마음을 띄우고 하염없이 걷는다. 더러 편안한 차림으로 남편도 친구처럼 따라 나설 때가 있다. 울적할 때도 빠른 걸음으로 손짓 발짓으로 휘저으면 어느새 즐겁게 흥얼거리게 된다. 모두들 자신의 일들에 묵묵히 골몰하면서 걷고 있는 사람들이 든든하게 보인다. 모두 밝은 표정들이다. 삶의 수레가 순탄하게 돌아간다. 나이 들어 뵈는 할아버지의 네발 자전거도 언젠가 두발 자전거로 신나게 바뀌게 될 것 같은 기상이 보인다.

하찮은 일에 마음이 울적하다가도 작은 즐거움에 흥분하기도 한다. 한적한 찻집의 향긋한  커피 향에 취하기도 하고 펼쳐진 책 한 문절에도 감동하기 일쑤다. 향수에 젖어 인생의 실타래를 풀어보는 재미도 묘한 활력의 충전이다.  한 번도 만난 적이 없는 그 사람들이 위안을 준다. 스치는 바람과 말벗이 되어 마음에 걸리는 모든 것을 다 쏟고 나면 홀가분하게 제자리로 되돌아 와 있다. 인생은 성에 차지 않아도 그런대로  작은 행복이 굽이굽이 있기에 지구는 어김없이 돌고 있는 것 같다. 웃다가 울고, 주먹을 쥐어보기도 한 삶이 잠깐 지나간 바람이리라.

2005. 4.

# 전철 속의 이색 풍경

전동차 안에서는 잠시나마 공감의 장이 펼쳐진다. 모르는 사람들끼리 시선이 부딪쳐도 어색하지도 무색하지도 않다. 그냥 훈훈한 웃음을 나눈다.

저마다 자기식의 생각에 몰두한 사람, 책이나 신문에 빠진 사람, 옆 사람은 아랑곳하지 않고 큰 소리로 핸드폰에 매달린 사람, 문자 메시지를 보내고 있는 사람, 성격 탓인지 옆 사람에게 공연히 짜증부리는 사람 등등 복잡하다. 그러다가도 조금 지나면 낯익은 사람처럼 곧 친숙해진다.

열차가 멎자 목적지에 도착한 사람들이 우르르 빠져 나간다. 급히 뛰어와 간신히 차에 오른 등산복차림의 할머니 셋이 경로석에 펄썩 앉더니  중간에 앉은 할머니가 갑자기 핸드폰을 잃었다고 허둥댄다.

바른편 할머니가 차분하게 찾아보자며 배낭의 소지품을 하나하나 무릎 위에 내놓는다. 핸드백을 비롯해 옷가지를 한 겹 두 겹 벗겨낸다. 물건들이 끊이지 않아 모든 시선이 그에게 쏠린다. 지갑 속까지 풀어보아도 찾지를 못한다. 당황하여 허겁지겁 윗저고리 안까지 뒤져도 허사였다. 손놀림이 빨라진다.

그의 핸드폰에 모두의 관심이 끌렸다. 어디 갔을까. 왼쪽에 앉은 할머니가 다시 하나씩 물건을 펴보며 확인했다. 어디서도 찾아내지 못한다. 할머니는 아들이 사 준 핸드폰이라며 휴 하고 한숨을 내쉰다.

물건들을 이곳저곳 옮기다 보면 자리를 까맣게 잊을 때가 많다. 그럴 때면 나는 검소하게 사셨던 시어머니가 떠오른다. 오랜 병상에서도 항상 검약을 강조하신 어머니였다. 그렇게도 소중히 여겼던 현금 묶음과 통장도 챙기지 못하고 두고 가셨다. 소중히 여기던 모든 것을 꽁꽁 간직하셨기에 오히려 다 잊고 가신 어머님, 핸드폰을 허겁지겁 찾는 할머니도 어머니가 뒤척이던 모습이다.

어머니는 가실 때 남아 있는 자손들에게 또박또박  미소로 이별하셨는데 우리는 늘 살아 계실 것으로 믿었다. 가실 날 며칠 전에는 "산다는 게 별게 아니다, 갖고 싶은 것은 아끼지 말고 다 쓰면서 살아라."하셨다. 평생 모으고 쌓기만 했지 한 번도 마음대로 써보지 못한 회한이었을까.

반포역에 이르렀을 때 마지막으로 배낭의 맨 아래에서 꺼낸 수놓인 주머니 속에서 또 하나의 지갑이 나온다. 돈과 핸드폰이 꽁꽁 묶여 거기 있었다. 찾았다는 반가운 목소리에 주위에서도 모두 활짝 웃었다. 나도 늘 아끼는 물건을 여기저기 옮기다 깜빡 잊고 온 집안을 며칠 동안 벌컥 뒤집기 일쑤다.

이제는 눈에 띄는 곳에 손에 닿는 곳에 즐비하게 늘어놓는 가지 수가 더 늘었다. 챙기기 메모첩이다. 그런데 그것마저 까맣게 잊고 찾아다니는 곤혹스러움, -더러는 잊어버리고 사는 것도 즐거움의 하나임을 느낀다.

2008. 9

# 황금알

황금알 낳는 거위처럼 은행도 동화속의 황금알 같다. 가을이 오면 밤마다 은행나무를  때리는 도둑에 대한 보도가 화제가 되곤 했다. 그들은 부모님 약으로 쓰기 위해 저지른 짓이라 했다. 그러나 우리 동네 여자들은 저절로 떨어진 것을 주우러 다닌다. 손에 닿는 나무는 함께 털어서 오손도손 나누어 갖는다.

파출소에서는 교통사고 예방 차원에서 큰 길가에서 따지도 줍지도 말라는 주의를 한다. 나는 그렇게 거둔 은행 한 바구니를 선물로 받아 기침약으로 준비한다. 열매를 빈 양파 망에 넣어 다시 넉넉한 비닐주머니에 담아 둔다. 과육이 물러지면 고무장갑을 끼고 이를 세게 문질러 댄다.  열매 깨기가 쉽지 않아 그대로 두었다. 막내딸이 우유팩에 담아 전자렌지에 50초쯤 돌리면 툭툭거리며 입을 벌린다고 알려준다. 과연 파란 알맹이가 쭈빗 고개를 내민다. 그 푸른 은행 알, 감기로 기침이 나면 열 알씩 꼼꼼하게 씹는다. 향긋한 뒷맛이 목을 맑게 해준다.

은행은 우리나라의 어디서나 흔히 볼 수 있다. 중국과 일본이 원산지란다. 오리발을 닮아 압각수라고도 하고 열매를 맺기까지 수십 년이 걸려 공손수라고도 불린다. 악조건의 환경 속에서도 잘 버틴 나무이기에 장수목으로 유명하다. 인적이 뜸한 곳에는 잘 자라지 않는다. 고약한 냄새를 산 짐승도 외면하여 번식이 잘 안 된 탓이다. 시골 동구 밖의 은행나무 밑에는 유선각 등이 있어 길손을 맞고 보내는 쉼터로 사랑을 받고 있다.

5월이면 이삭 같은 수꽃 줄기가 차례대로 꽃을 피우고 암꽃은 그 줄기 맨 끝에 달린다. 열매는 10월에 여문다. 식용 및 약재로 특히 호흡기 질환과 성인병에 널리 쓰인다.

은행의 열매는 백과이며 자웅 이주(암꽃,수꽃이 따로 있음)이다. 5월이면 이삭같은 수꽃 줄기가 차례대로 꽃을 피우고 암꽃은 줄기 맨 끝에 두 개가 달린다.  가래를 없애고 술을 깨게 한다. 잎에는 벌레가 싫어하는 물질이 있어 집안 구석구석에 놓으면 해충의 침입을 막는다. 기억력 향상에 효과가 있다. 은행잎의 추출물 징코빌도바는 복통, 다발성 경화증을 치유한다.

은행은 요긴한 식품이다. 폐백 음식에는 빼놓을 수 없는 구색이다. 나는 갈비찜의 고명으로 즐겨 먹는다. 쫄깃한 그 맛, 술안주로도 그만이다.

은행나무는 이른 봄 버들개지 개나리꽃이 다투어 깨어날 때 묵묵히 서 있다. 느긋하게 짙푸른 녹음을 만들어 여름을 시원하게 해준다. 둘째 손자 동규가 제일 좋아하는 나무다. 지저분하지 않고 벌레도 없고 드리워진 그늘이 더없이 좋다고 한다.

나도 그 밑을 걸을 때마다  청량한 위로를 받는다. 두 개이면서 하나이고 하나이면서 두 개인 은행잎을 두고 사람들은 사랑도 그러하거니 하고 비유한다. 우거진 가로수 길을 물론 샛노랗게 물든 단풍길을 거니는 심상이 추억의 파도가 일렁인다. 은행잎을 밟으면 그리움이 파도처럼 밀려온다.

은행 알은 사과와 배처럼 굵기를 자랑하지 않는다. 뽐내지 않는 누나 같은 은은한 담록색이다. 여름내 수림을 이루고 가을이면 황금알을 맺는다.

어느새 은행잎이 황금물결을 이루고 있다. 잎을 다 내린 나목의 개결介潔함. 느지막하게 와서 노란 옷을 벗고 찬란히 떠나는 모습이 좋다. 나는 은행나무 밑을 즐겨 걷는다. 어머니의 가없는 사랑의 품 같다.

2003. 11

| 제4부 |

# 행복한 여행

# 가장 조용한 마을

청량한 바람이 가볍게 볼을 스친다. 짙푸른 숲 속에 군데군데 빨강 지붕 분홍색 지붕들을 품고 있는 산마을이 그림 같다. 쾌적한 환경의 교육도시로 미국에서도 살기 좋은 곳으로 이름난 코넷트 주의 심즈벨리. 뉴욕에서 불과 두어 시간 거리다. 소녀시절, 노래 부르며 달리던 고향의 산길들이 망막 속에서 겹쳐진다. 첩첩이 이어진 숲길이 웅장하다. 길섶에 핀 들꽃들의 속삭임이 햇살과 어울려 그리움을 자아낸다.

마을은 늘 조용하다. 드문드문 터를 잡은 이 숲속 마을에는 버스도 지하철도 택시도 없다. 근린시설이란 게 20여 분이나 달려가야 한다. 학생들은 통학 버스를 이용한다는데 마침 방학 중이어서 그것마저 볼 수가 없다. 청소년들은 집에서 지내는 시간이 많다고들 한다. 개인주의자가 될 요인이 그런 데에도 있지 않을까 하는 생각이 들었다.

어둠이 내리면 온 마을이 곰, 너구리, 삵, 노루, 다람쥐들의 놀이터가 되어 주민들은 집밖에 나가기를 삼가하고 주로 집안에서 시간을 즐기고 있다 한다. 불이 켜진 옆집도 하나의 적막한 그림일 뿐이다. 멀리 보이는 불빛들이 오히려 회향처럼 마음을 설레게 한다.

저녁 식사 후의 짧은 산책길에서도 서둘러 돌아오기 마련이다. 손자 현민이가,

"할머니, 곰을 만나게 되면 등을 보여선 안돼요. 그 자리에 가만히 서 있어야 해요."

하고 주의를 준다. 주민들은 야생 동물들을 불편하게 생각하는 것이 아니라 자연의 한 가족으로 아끼는 것 같았다.

이곳 사람들은 어디서든 처음 만난 사람들에게도 "하이." 하고 웃으면서 손을 흔든다. 스스럼없이 나누는 밝은 분위기가 더없이 흐뭇하다. 한적한 곳에서 만날 땐 한결 반가움이 더했다. 나는 상가도, 은행도, 시내의 거리도 곧잘 찾아 나들이를 즐겼다. 나날이 익숙해지니 이런 낙원이 없구나 싶었다.

마음껏 휴식을 취했다. 귀국하게 되면 자상하게 보살펴준 딸 내

외, 손자 멕스와 크리스틴이 금방 또 보고 싶어지겠지. 편히 보살펴 주는 자식들과 함께 지냈던 옛 어른들처럼 어느새 나도 할머니가 된 것 같다.

이곳에서는 시간이 멈춰진 듯 모든 것을 잊고 지낸다. 넓은 공간에 아무렇게나 던져진 기분이다. 문득 60년 전으로 돌아가면 손녀 윤경이가 마음껏 뛰어노는 이 잔디밭에 내가 서있다.

이곳저곳 기웃거리면 풍경이 나를 감싸 안는다. 세속을 떠난 순수한 행복에 젖는다. 아침이면 침실 창가에 새들이 놀러오곤 한다. 붉은 털이 앞가슴을  수북이 덮은 제비보다 크고, 오동통 잘 생긴 로빈의 노래 소리에 잠을 깬다.

뜨락을 스치는 바람소리에 흠씬 젖는다.

'자연만큼 위대한 예술이 없다' 는 말을 되뇌며 숲길에서 주운 추억거리들을 가닥가닥 묶어본다. 첩첩이 이어지는 산줄기처럼 오래도록 내 마음에 색칠을 하게 되리라.

창문에 스치는 바람소리도, 딸과 손자 손녀와 한가롭게 거닐던 산길도, 가없는 하늘을 향해 치솟은 수림사이의 붉은 집들도 모두가 아련한 추억으로 곱게 채색될 것이다.

2008. 7

# 머나먼 북해의 나라

머나먼 북해의 나라 헬싱키에 도착한 날은 초가을 날씨지만 추운 편이었다. 밤새도록 그 유명한 백야에 시달렸다.

거리는 조용하고 깨끗하다. 매끈한 자작나무들이 신사 같은 자태를 뽐내고 있었다. 핀란드는 500년간의 러시아 지배, 100년간의 스웨덴의 지배에 시달린 형극의 역사 속에서도 훌륭한 예술을 후손에게 남겨 주고 있다. 호수와 돌이 많은 나라답게 현대식 석조 건물과 미술관이 산재해 있다.

우리나라와는 가장 먼 나라중 하나지만 러시아와는 한 나라만을 사이에 둔 가까운 나라이다. 산타클로스가 사는 동화 속 나라로 노키아란 휴대전화 회사와 자일리톨을 생산하는 산업 강국이다. 동독과  소련이 붕괴되면서 중계무역이 불필요하게 되자 소득이 40%나 줄어 실업자 대국이 된 것이다. 다른 복지국가와는 달리 실업수당을 주지 못하였다. 그러나 실업자들에게 정규 학위과정을 받게 하고 새로운 과학기술을 연마시켜 첨단의 벤처기업, 엔지니어링 컨설팅 등의 회사를 차렸다.

콜레스테롤이 없는 버터, 염화나트륨 없는 소금을 개발하였다. 공평한 분배를 구현하기 위하여 부정을 용납하지 않는 투명한 행정을 이룩함으로써 부자는 부자대로 가난한 사람은 가난한대로 복지혜택을 누리고 있다. 모든  소득과 납세액은 인터넷으로 조사하고 조율한다. 부정한 돈이나 뇌물이 없는 나라로 세계적인 명성을 차지한 나라가 되었다.

템페르드 교회의 건축미가 특이하다. 다이나마이트 발명국답게 거대한 화강암을 터트려 터전을 잡은 석조 교회다. 바위에서 나온 돌멩이들을 벽돌처럼 사용하여  200여 개의 유리창을 내고 214밀리 구리판으로 마무리한 것이다. 교회의 파이프 오르간의 화음은 세계적이라 한다. 하늘 천장을 수직으로 받히고 선 오르간의 그윽한 음률은 온 바위를 울려댄다.

역사를 세운 노력이 곳곳에서 느껴진다. 1900년부터 비트라시크 호수에 3년에 걸쳐 지은 3명의 동창 건축가의 집은 헬싱키의 명물이 되었다. 국가에 기증된 박물관은 관광객의 발길이 끊이지 않는다. 세 채 중 한 곳은 찻집으로, 박물관은 외부에서 보면 3층인데 내부는 지하실을 포함하여 7층이다. 각층마다 현대의 건물처럼 쓸모 있고 아름답다. 민족 공예를 잘 보존하여 1800년대의 가구와 실내장식 재료들이 보존되어 있다. 지금의 주거지로도 손색이 없다. 자녀들의 방 배치에서부터 3대가 기거하는 설계로 할아버지의 방에 이르기까지 유용하게 설계되었다. 온실, 부엌 등, 살아보고 싶은 마음이 절로 솟는다. 그 때의 목욕탕이 반 욕조여서 새삼 감탄하게 된다.

그 집 뒤 호숫가엔 사우나탕이 있다. 사우나의 원조인 핀란드답게 손님을 사우나로 대접한다는 말이 실감되었다. 우리가 그 주변을 배회할 때, 미녀들이 사우나를 하고 나와 호수에서 수영을 하다가 다시 사우나 실로 들어간다. 겨울에는 얼음 속에서 뒹굴다 사우나를 즐긴다니 대단하다. 가는 곳마다 깔끔하고 평화롭고 한가한 분위기가 여정을 한껏 부풀렸다. 자연을 보존하고 사랑하는 면이 부러울 수밖에 없었다.

여성 상위의 나라다. 여자 대통령 관저 앞에는 시장이 있다. 자전거로 통행한다. 대통령과 주민이 가까운 위치에서 생활한다. 권위적이 아님을 실감한다. 소금기가 거의 없는 바닷물에 둥둥 떠다니는 배들은 얼음을 깨고 운항한다. 한 겨울은 영하 25도여서 얼음 위로 걸어 다니는 항구 도시다.

검소함이 몸에 밴 이곳 벼룩시장은 일요일에만 열린다. 그 시장을 찾았다.

종이컵이 좌판에 일용품으로 나열되어 있다. 명품이나 된 듯 진지하게 물건을 고르는 사람들은 모두 중고품을 사서 쓰는 것이 생활화 되어 할머니 때 입던 옷을 물려 입고, 쓰던 물건을 내려받아 쓰는 것을 자랑으로 여긴다 한다.

바브누르미 맨발 마라토너의 기념비가 있다. 20여개의 메달을 딴 그는 가난하여 맨발로 뛰었다 한다. 우리나라 손기정 선수 생각이 났다.

여성들이 국회의원 장관 등 고위직의 과반수가 넘는 나라다. 바이킹 후예들인 그들은 여자가 실권을 잡으면 혁명 같은 변혁이 일어나지 않을 것이라는 사고가 자리 잡은 탓일 것이다.

남존여비의 나라 한국 여성이 여성상위의 나라에 가서 신사처럼 정연한 자작나무 길을 걸으며 감미로운 여정에 젖었다.

2004. 6

# 겨울 여행

삼척의 녹색 바다에 심신을 적셔본다. 밀려드는 바닷물이 심심찮게 마을까지 범람하곤 한다는데 그 예방의 주문을 담아 세워진 동해척추비가  묵묵히 바다를 지키고 서있다.

산촌이기도 한 삼척은 6.25 전쟁 때도 참상을 겪지 않은 조용한 지역이라는데, 이제는 관광도시로 탈바꿈하는 노력이 대단하다. 간첩들의 침입을 막기 위한 해안의 철조망, 황영조 기념공원, 새천년 해안유원지, 환선굴 등등이 해안을 따라 굽이굽이 길손을 부른다.

해신당공원의 목각 장승들이 애초에는 남근男根의 형태였는데, 철거하라는 여성단체의 빗발친 요구로 민속조각공원이 된 것이다. 처녀 도우미들은 토담신화 설명을 쑥스러워하기 때문에 이곳 도우미들은 모두가 아주머니여서 이색적인 활달한 분위기였다. 해신당은 사랑하는 청년을 기다리다 지쳐 물에 빠져 죽은 처녀의 영혼을 추모하는 공원이다. 그 처녀가 죽은 뒤 물고기의 씨가 말랐다 한다. 남근을 깎아 바다에 던지고 제를 올리니 '물 한 바가지, 고기 한 바가지' 의 풍어의 바다가 됐다는 전설이 전해지고 있다. 제주도의 하루방도 원래는 남근상인데 조선시대 선비들의 반대로 '하루방' 이 된 것이나 비슷한 이야기다.

눈이 쌓인 산등성이 길을 걸었다. 해발 800미터! 스쳐가는 찬바람이 몸과 마음을 으스스 일깨웠다. 아시아 최대 규모라는 환선굴 입구에 서니 벌써 싸한 기운이 밀려온다. 5억 3천만 년 전에 생성된 동굴이라 한다. 높이 12미터, 넓이 20 미터. 대체로 다른 나라 석순은 위로 뾰쪽하지만 아래로 핀 연꽃모양의 이곳 석순은 세계적으로 희귀한 것이라 한다.

아치형 동굴로 빠져나오는 도도한 굴수窟水는 정갈한 1급수라 한다. 시원한 맛이 혀에 싸르르 감긴다. 직경 40미터의 광장에는 수만 명을 수용할 수 있는 백사장이 펼쳐 있다. 지금도 바닥에서는 여러 모양의 종유석이 자라고 있다.

여기저기 앙상하게 남은 산허리와 컨테이너 집 언저리엔 수해의 잔해가  그대로 남아 있다. 복구 작업이 3~4년은 더 걸릴 것이라 했다. 피해의 후유증은 막대하다. 마을로 이어지는 도로는 흔적 없는 처연한 모습이라 마음이 우울해졌다.

루사 태풍에 강원도에서만 134명이 실종되고 17명이 사망했다. 컨테이너 하우스가 1,000여 동 설치되었다. 추위와 파고드는 황소 바람을 막으려는 비닐 덮개와 테이프가 여기저기 펄럭이고 있다. 이 겨울 혹한을 어찌 견딜까?

안내인의 마이크 소리에 부끄러운 마음이 다소 여유를 찾았다.

"서울 분들이 외국여행만 떠나지 말고 강원도를 자주 찾아와 준다면 저희 삼척을 도와 주는 일입니다."

호소했기 때문이다. 상처 난 땅을 열심히 복구하여 모두 잘 살아 보자는 우렁찬 의욕에 분위기가 살아나 박수소리가 힘차게 울렸다.

대관령의 수맥이 끊겨 물난리 불난리가 해마다 나는 것은 아닐까. 동해가 고향인 친구의 걱정이었다. 겨울 여행의 즐거움은 잠시뿐 외롭게 지낸 할아버지 할머니들의 초췌한 모습이 안타까웠다. 산불에 물난리에 집과 문전옥답을 잃고 망연히 추위에 떠는 도민들이 처연하였다.

떠내려간 집과 끊겨진 도로가 앙상한 채 버려져 있는데 부유한 사람들의 별장은 설경 속의 호사로운 그림이다. 무분별하게 산중턱을 잘라 골짜기로 길을 내는 요인이 바로 그 그림에 걸리는 것 같아 못 마땅하였다.

환선굴까지 침수되었다. 이 혹한 속에서 진흙투성인 흙탕물을 퍼내어 관광의 길을 여는 열의가 보는 이들을 숙연케 했다.

따뜻한 인정으로 추운 날씨답지 않은 포근함에 젖었다. 기차시간에 쫓겨 급한 식사였지만 산 오징어와 회 맛에 여흥이 길어졌다. 우리 부부는 역으로 달리려고 허둥거렸다. 녹지 않은 길을 급한 걸음으로 달려가다 어르신네들이 엄동설한에 낙상이라도 하시면 큰 일이라며 손수 차를 배려해 주었다.

겨울 여행을 할 때마다 나는 바다횟집을 떠올릴 것이다. 삶을 되돌아보는 소중함을 안겨주었다. 살아갈 의욕과 작은 것과 적은 것에 만족할 줄 아는 겸손을 일깨워주었다.

지나가는 배들이 일으키는 물보라마다 새해의 행운이 싱그러운 햇살처럼 피어오르기를 빈다.

2002. 2

# 떠나고 싶다

여행은 첫사랑의 설렘이다. 일정을 짜고 가방에 옷가지와 일용품을 채웠다 들어냈다 법석을 떤다. 화장대 앞에 앉아 얼굴을 토닥거리면서 무엇인가 좋은 일이 있을 것 같은 기대와 기쁨을 주체할 수가 없다.

가볍게 홀로 떠날 수 있는 용기가 난다. 아무런 제약도 없이 자신만의 시각으로 세계를 바라본다. 특별히 정한 시간도 없는 나그넷길이다. 신기한 풍물에 취해 낯선 곳을 마냥 배회한다. 어떤 옷맵시도 아랑곳하지 않고 두리번거리며 낯선 사람도 스스럼없이 눈인사를 보낸다. 한가롭게 이 골목 저 골목을 기웃거리다 석양볕에 몸을 맡기며 저만치 다리난간에 걸터앉아서 구름을 닮아 본다.

호텔 문을 나서면 13세기 풍의 건물사이의 불럭보도를 배회할 수 있다. 나는 그 길을 소요하면서 필요할 때마다 서투른 보디랭귀지로 마음을 나누며 그 공백을 채운다. 풍선처럼 지표 없이 마음이 훨훨 날아간다.

열차에 몸을 싣고 옆 좌석의 이방인과 연필대화를 나누게 되면 지루하거나 쓸쓸할 틈이 없다. 여행은 그래서 인생의 축소판이라 했을까. 넉넉하지 못한 주머니 사정도 구애 받을 까닭이 없다. 특이한 풍경이나 관심이 쏠리면  언제든 다시 찾아도 될 터이니까.

많은 것들을 자유롭게 볼 수 있어서 좋다. 아름다운 경관이든 역사적 사연이 있는 기념물이든 이것저것 구경하다 보면 좋은 글감도 얻고 재미있는 얘깃거리도 있다. 사실 나는 여행에서 많은 것을 얻는다.

때로 비행기 연착은 예고가 없다. 옛 영화로움을 과시한 탓일까. 모스크바의 공항에서는 방송도 없이 갑자기 열 시간이나 넘게 기다렸다. 이러한 현상이 60년대 한국의 사정 같기도 해서 아이러니를 느낀다. 여행을 하다보면 우리나라가 선진국 대열에 들어선 것 같아 자랑스럽다.

떠나는 것은 사랑과 기다림의 느긋한 삶을 반추한다. 어떠한 걱정이나 슬픔도 기다림으로 마음의 준비를 한다.  굳건한 출발이 올 때까지. 그 자체가 인내라는 말을 되뇌어 본다.

프랑스 리스에서 자동차 고장으로 한참을 기다렸다. 그 덕에 이곳저곳의 풍물을 관람하다 해변의 모래 위에서 여인들의 나신 선탠에 눈이 번쩍했다. 하루해가 기울 때까지 느긋하게 기다리며 운전자 존슨을 격려했다. 다시 알프스를 향하여 달릴 때의 상쾌함, 그래서 여행은 언제나 기다림이던가?

떠난다는 것은 미지의 세계에 대한 다함없는 호기심이다. 햇살 반짝이는 자연의 아름다움에 취하고 지구촌 어디서든 이방인과도 유쾌히 떠들고 함께 세찬 파도에 도전하는 뱃놀이도 하는 그 당당함, 여행을 하면서 나는 살아가는 지혜를 배우며 고마움을 쌓아간다. 하루하루 무사히 보내는 눈부신 자연 속에 내가 성숙됨을, 남을 배려하는 마음을 또 연습하며 오늘도 나를 다독거린다.

세속의 티끌이 가시면 시냇물소리가 들려온다. 내 사랑하는 가족들이 생각나고 시끄러운 시장골목이 그리워진다. 다시 찾을 만한 곳을 확인하며 돌아온다.

두런두런 소리에 눈을 감고 그렇게 잠이 든다. 집의 느긋한 아침이 정겹다.

미지의 세계로 다시 떠날 날을 그리며 또 다른 계획으로 마음이 부푼다. 생각이 날 때마다 메모하다 보면 미소가 꽃을 피운다. 독일의 철학자 아우구스티누스는 "세계는 한권의 책이다. 여행하지 않는 자는 그 책의 한 페이지만 읽는 셈이다."라고 했다. 늘 한 페이지 한 페이지마다 소중하게 안기 위해  여행을 떠나리라.

낯선 사람, 낯선 것들을 대하기 위하여 문득 떠났다가 돌아오고 다시 그 머나먼 나라를 찾아갈 것을 꿈꾼다. 다시 가봐야지. 나를 행복하게 하는 일상이니까.

오늘도 어느 시인의 글귀를 되뇐다.

'세계는 나의 학교, 여행이라는 과정을 통해서 나는 수없이 신기로운 일을 배우는 유쾌한 소학생이다.'

떠나는 설렘이 행복하다. 어디로든 늘 떠나고 싶다.

2006. 9

# 다시 찾는 즐거움

태국은 찾을 때마다 즐겁다. 도심 어느 곳에서나 볼 수 있는 야자수는 낭만적인 이국의 정취를 부추긴다. 동·서양 문화의 가교이기도 한 방콕은 언제나 국제적인 분위기에 사람들도 친절하다. 몇 번을 가도 부담 없이 즐길 수 있는 매력이 있다.

기후와 국민성은 밀접한 듯하다. 폭염 탓인지 모두들 서두르는 법 없이 느긋하다. 수많은 개들이 거리를 활보하고 있다. 주인 없는 개들도 부지기순데 살생이라곤 없는 나라다. 스님들까지도 의자에 앉아 유유悠悠히 졸고 있다. 서둘러 끊고 맺는 법이 없이 매사에 여유만만이다.

1782년 차크리 왕이 현 왕조를 세워 1938년 라타나코신 왕이 국명을 타이로 바꾸고 방콕에 새 나라를 세웠다. 왕궁과 에메랄드 사원은 현 왕궁으로 영빈관으로 사용되고 있다. 고대와 현대가 공존하고 있는 것이다. 태국의 국민들은 푸미폰 아둔아뎃 국왕을정신적 지주로 가장 존경하고 있다 한다. 권위주의를 배제한 민주적인 지도자로 집집마다 그의 초상화가 걸려 있다 한다.

거리를 걷다보면 안경을 쓴 사람들이 보이지 않는다. 눈들이 다 좋은가 싶었다. 그러나 국왕이 왼쪽 시력을 상실하여 안경을 쓰기 때문에 모든 국민은 차마 안경을 쓰지 못한다는 것이다. 가슴 뭉클한 이야기다. 역사적으로 숱한 외세에 시달렸음에도 의연한 것은 불교의 영면한 영향이 크다고 한다.

부처를 믿으면서 부자와 빈곤한 사람들이 격의 없이 공존하는 나라다. 부자 집 담벼락에 구멍가게를 차려도 그 부자는 전기, 수도 등은 말할 것도 없고, 음식까지 나누어 먹으며 돌봐준다고 한다. 부자를 존경하면 내세에서도 잘 살겠지 하는 그들의 너그러움이 새삼 돋보인다. 두 사람만 모여도 내 편 네 편이 갈리고 학벌로 목청을 높이고 세 사람이 모이면 고 스톱! 큰 소리 치는 사람이 이기는 그런 현실을 잠시나마 훌훌 털어 잊어버릴 수 있는 짙푸른 나라다.

에메랄드사원(왓프라케오)의 불상(국보 1호 60센티의 불상)은 국왕이 손수 해마다 세 번(3, 7, 11월)이나 옷을 갈아입히는 숭엄한 불상이다. 영화 '왕과 나'의 무대였던 이곳은 태국 양식과 유럽풍의 양식이 조화를 이룬 건물로 국왕 즉위식과 탄신일 및 큰 행사와 장례식 등이 거행되는 곳이다. 예불당에서는 여행자도 치마를 입어야 한다. 주황색 승려복의 스님들이 곳곳에서 자주 눈에 띄었다. 태국 남자들은 너나없이 일정기간 승려생활을 해야 하는데 바로 그들이라고 한다. 태국은 국민 모두가 그럴 정도로 불심이 깊은 나라다.

짜오르강변의 새벽사원(왓 아룬)은 방콕의 대표적인 조형물이다. 동 트는 햇볕을 받을 때가 가장 아름답다 한다. 딱신 왕이 세운 104미터의 탑이다.

동쪽은 탄생, 서쪽은 죽음, 남쪽은 설법, 북쪽은 해탈의 의미를 가진 유서 깊은 곳이다. 처음 갔을 때는 빈민들의 모습이 눈에 걸렸지만 이제는 한층 청결해졌다. 운집한 수상가옥도 가구마다 정화조 배를 운영할 만큼 그 개선이 눈부시다.

태국 엽서에 빠지지 않는 수산시장은 챠오프라야 강과 연결된 운하로 5시부터 9시까지 열리는 재래시장이다. 물건을 가득 실은 배들이 장관이다. 과일을 파는 배, 국수를 파는 배, 기념품 등을 파는 배 등등이 관광객을 사로잡고 있다.

파타야 남쪽에 조성되어 있는 야외 공원 농놋 빌리지는 개인소유라 한다.

500에이커의 대지 위의 정원을 아름답게 잘 가꿔놓았다. 짙푸른 식물과 현란한 꽃들 속에서의 휴식은 광란한 폭염마저 상큼하게 식혀 주었다.

로즈가든에서 태국 전통무용과 무예를 감상하며 코끼리 쇼도 보았다.

람바다 춤, 자전거 타기 등의 육중한 움직임이 마치 그들의 향수같이 느껴져 애잔한 마음이 들기도 했다. 코끼리도 무엇인가 쉬지 않고 갈구하며 사는 것 같다. 어렸을 때부터 익혀온 쇼를 밑천으로 사는 코끼리가 있는가 하면 그런 교육을 받지 못한 코끼리는 산속에서 벌목하는 일꾼들과 짐을 나르는 일을 한다. 40, 50년이 되도록 고달프게 살다가 수명이 끝날 무렵이면 조용히 제 타고난 곳으로 밤새워 달려가 숨을 거둔다고 한다. 그 귀소본능이 사람과 비슷해 새삼 육중한 그 일생이 안쓰럽게 느껴진다.

맞선 적국이 없는 나라답게 병역도 추첨제로 치른다고 한다. 빨강 공 3개 검은 공 7개 중에서 추첨이 되는데 그것도 추첨된 자가 우리 돈으로 300만 원의 돈을 내면 병역을 면제 받을 수 있다 한다. 우리와는 달리 낭만적인 일면이 있는 것 같다.

파타야는 베트남 전쟁 당시 미국 병사들의 휴양지로 개발되었다 한다. 고급 호텔, 방갈로, 윈드서핑 등의 시설이 훌륭하다. 해변에 줄 이은 비치파라솔, 파라셀링 등의 풍물들은 관광명소로 손색이 없다. 73세의 시누이가 이 파라셀링을 두 번이나 올랐다. 겁 많은 나도 용기를 내어 두둥실 떠올라 보았다.

바다 위를 훨훨 날아 보는 스릴! 노래를 부르며 불안을 달랬다.

어디든 시계가 걸려 있지 않았다. 시간을 잊고 지내다 비행기 놓치면 하루를 더 묵으면 되는 것으로 여기는 여유 있는 나라다. 그러나 달러벌이 상술은 웃음이 절로 나온다. 냉장고 밖의 음료수나 과자는 먹어도 되는 것처럼 애매하게 껍질과 함께 늘어놓았다. 서비스인 줄 알고 무심히 먹었다간 짭짤한 계산을 감당하게 되어 있었다. 교묘한 유인책 같았다. 새삼 달러의 위력을 절감하지 않을 수 없었다.

25-6도를 오르내리는 햇볕이지만 잠시 그늘에만 들면 시원해지는 쾌적한 기후이어서 좋다.

이번 여행은 시집 동기간들과의 정리가 돈독해서 날 가는 줄 몰랐다. 3일간의 여정을 마치고 홍콩행 비행기에 올랐다.

2004. 2

# 산 너머 행복이 있다기에

멀게만 느껴지던 부산이 KTX로 세 시간도 걸리지 않았다. 시가지도 옛날의 모습을 얼른 찾아볼 수 없는 거대한 도시가 되었다. 복잡한 소음을 벗어나 해운대에 들어서니 마음이 더없이 평온해진다.

숲과 바다와 인파를 안은 해운대는 그 어느 미항과 견주어도 손색이 없는 훌륭한 경관이다. 부산은 그런 경치를 특이하게 감상할 수 있는 언덕臺이 여러 군데 있다. 해운대, 태종대, 이기대, 신선대, 물운대 등이 저마다 부산의 수려한 경관을 자랑하고 있다.

6.25때 피난민들이 북적대던 부산은 몰라보게 변한 신천지다. 잘 정비된 해변을 따라 천천히 거닐어 본다. 확 트인 바다는 세상

의 온갖 더러움과 상처를 수평선 밖으로 내몬 듯 멀기만 하다. 바다는 움직이는 신비다.

일찍이 고운 최치원(857~미상)은 자주 해운대를 찾아 그 경관을 즐겼다고 한다. 그는 변방 호족들의 발흥과 조정의 무능을 바로 잡기 위해 시무십여조時務十餘條를 작성하여 진성여왕에게 올렸지만 진골들의 묵살로 뜻을 펴지 못하게 되자 42세 나이로 벼슬을 버리고 유람 길에 나섰다. 가야산 해인사로 가는 길에 이곳에 들렀다. 동백섬 암반에 그의 호 '해운'을 새겼는데 그것이 바로 해운대란 이름의 유래가 되었다. '고운'이라는 호처럼 풀리지 않은 시름을 달래기 위해 산하를 돌아다니다 해운대에서도 자주 머물지 않았나 싶다, 나도 고운처럼 해운대 앞을 오락가락 거닐어본다.

역마살이 든 탓일까. 안정을 즐기다가도 소녀시절만 떠올리면 그 시절의 여러 풍경 속을 배회하며 보들레르의 말처럼 '지독한 갈증'을 바람결에 날리기 일쑤다.

누구나 모든 걸 다 누리는 사람은 없다. 파도 같은 어려움이 닥쳐와도 먼 수평선을 바라보면 나는 다시 생기를 얻게 된다. 숨을 크게 쉬면 도전하는 힘이 솟는다. 광활한 바다를 조각배로 저어가는 삶, 부질없는 욕망이 한낱 물거품이라는 것을 터득하게 되면 어느새 마음은 한결 가벼워진다.

백두대간 끝자락의 지기地氣가 서린 동백섬의 산책로는 소나무

숲과 파도가 어우러진 절경이다.

동백섬과 해운대 일대가 부산국제영화제 개최지로 부상하면서 부산은 더욱 도약하는 계기를 맞았다. 세계의 영화인들이 북적거려 이국적인 정취가 넘쳤다고들 한다. 부산은 토박이보다 외지인들이 더 많아서 더욱 활기차다.

바다로 연결된 일본과도 교류가 활발해 날로 앞서가는 것 같다.

숙소인 21층에서 내려다보이는 전경에 나는 잠시 망연해진다. 어둠이 깔리자 광안대교가 찬란한 보석으로 수를 놓는다. 야경에 끌려 친구들과 무조건 나섰다. 걷고 또 걸어도 다리 끝까지는 다 가갈 수가 없었다. 주차 안내원에게 물으니 다리 끝까지는 밤 새 걸어야 한다며 그냥 돌아가라고 했다. 멀리서 황홀한 무지개를 따라 꿈을 그리는 소녀마냥 들뜬 기분으로 걸었다.

행복이 저 산 너머 있다기에 가도 가도 보이지 않는 행복을 찾으러 가는 아이처럼 오늘은 길을 떠난 소녀가 되었다.

산 너머 멀리 헤매어 가면
행복이 산다고 말하기에
아! 남들과 찾아 갔다가
울면서 되돌아 왔네.

칼 부세의 시를 읊조리며 돌아오는 밤하늘에 별이 총총히 빛났다. 50여 년을 동행해 온 벗들과의 우정과 환한 미소로 가득한 밤이다. 다리 끝까지 도달하지 못한 아쉬움이 이순을 넘긴 나이에도 그리움으로 남아 있다.

2007. 10

# 삼홍三紅의 선경

이번 설악산 여정旅程은 특별한 나들이가 되었다. 병약한 언니가 답답하다 하여 바람이나 좀 쐬러 가자는 형부의 말에 얼른 따라 나선 것이다. 육촌이지만 울타리 하나 사이에 두고  친형제처럼 같이 자란 언니다. 어린 시절 산골짜기 폭포수에 물장구를 치고 멱 감았던 고향친구 ㄱ와 ㅂ도 함께였다.

추억에 젖게 되니 잡다한 근심 걱정이 어느새 가셔버린다. 들판의 곡식들이 각기 다른 색조로 마음을 눈부시게 한다. 황금빛 벼 물결이 투명한 가을햇살에 끝없이 일렁이는 들판에서 쏘이는 바람이 더욱 상큼하다. 유채꽃보다 더 고운 그 빛깔이 고향의 오솔길을 떠올리게 한다.

설악은 이상 기온으로 단풍의 빛깔도 예년 같지 않았다. 설악산을 찾을 때마다 공교롭게도 스치고만 지났던 백담사를 찾았다. 용대리에서 백담사 입구까지 운행하는 셔틀버스가 숨 돌릴 겨를이 없다. 한용운 시인의 은둔지로서보다 대통령 전두환의 유배지로 유명한 탓인지 물밀 듯한 인파에 씁쓸한 심정이 되었다.

단풍이 물든 비탈길을 이리저리 돌 때마다 저절로 감탄이 쏟아진다. 간신히 차 한 내가 통과할 수 있는 중턱에 오르니 청, 홍, 황, 갈의 아롱진 물결이 가슴을 설레게 한다. 가슴 밑바닥에 쌓였던 응어리가 일시에 풀어진다. 쉬엄쉬엄 즐기면서 오른다면 바로 무릉도원일 것 같다. 백담사 계곡이 삼홍三紅의 선경이라더니 짙고 옅은 붉은 색들이 비취색의 소沼마다 조화를 이루고 사람들의 얼굴까지 붉게 물들인다.

낙엽은 옛 영화에 연연치 않는다. 가지에서 싹을 틔워 햇볕 자양으로 질푸른 녹음을 펼치다가 가을이면 예쁘게 옷을 갈아입고 바스락거리며 떠날 채비를 한다. 포근하게 땅에 누워 뿌리를 보호하며 스스로 몸을 썩혀 다시 새싹을 위한 거름이 된다. 그 순환이 장하고 아름답다.

산사를 바라보니 고향에 있는 천황사의 달밤이 떠올려진다. 그때 산길을 함께 오르내리던 언니와 다시 설악에서 밤을 보내게 되어 감개가 무량하다.

읍에서 삼 십리가 넘는 산 중턱을 오르락내리락 하였다.

당숙이 옥고(6.25 동란 후)로 쇠약하여 천황사에서 휴양을 하고 있었다. 한 보퉁이의 반찬을 들고 언니와 나는 그 길을 한나절이 넘도록 걸었다. 일 주일분의 반찬 꾸러미를 장대에 걸어 메다가 들다가 하면서도 지칠 줄 모르고 올랐다. 무엇보다 맑고 아름다운 산새들의 노래 소리에 혹해서다. 달이 밝을 때, 숲길을 배회하면 계곡의 물소리에 밤 깊어가는 줄 몰랐다. 나뭇잎의 속삭임에 다함없이 설레곤 했다. 아마 그 시절부터 나는 안 가본 곳이면 어디나 쏘다닌 역마살의 소녀였나 싶다. 마음속에 채색된 고향의 골짜기들은 지금도 선연한 그림으로 남아있다.

백담사는 계곡이 인상적인 아늑한 사찰이었다. 증축과 인파로 아직도 시끌벅적하다. 만해 한용운 시인의 '님의 침묵' 의 산실이다. 대웅전을 중심으로 좌우에 칠성각 선원禪院등이 있다. 150여 미터 떨어진 곳에 관음전(보물1182호)이 있다. 창건 당시는 그 이름이 한계사 (신라 진덕여왕 원년 647년에 자장율사가 지음)였는데 여러 차례 화재를 겪었다. 백담사로 개명이 된 것은 당시 주지가 '대청봉에서 절까지 웅덩이를 세어 보라' 는 현몽에 따라 이를 세어 보니 100개의 소沼가 있어 절 이름을 백담사로 고쳤다 한다. 그 뒤로는 기이하게도 화재가 없었다 한다.

백담사에서 오세암(만해 선생의 수행지)까지의 등산로가 선경이라는데 그곳을 오르지 못하고 돌아서는 마음이 무척 아쉬웠다. 아직은 그런대로 산골의 정취가 물씬하지만 그 균형이 깨질지도 모른다는 조바심이 났다.

산은 찾을 때마다 한결같이 생동감과 경건함을 안겨준다. 온갖 동식물 바위, 땅속의 생명체를 안고 인간과 공존관계를 유지한다. 15분마다 버스에서 쏟아져 나오는 산행객들의 산림 훼손이 얼마나 쌓일지 걱정스럽다. 산을 찾는 일은 자신의 건강을 지키고 보람된 삶을 영위하기 위해서다. 산도 그런 건강을 유지할 수 있도록 천번 만번 마음 써 주었으면 좋겠다. 홍수가 자주 일어나는 것도 산을 혹독하게 다룬 사람들의 재앙 때문이라는 말도 있지 않는가.

가을의 길목에서 설악은 몇 번을 찾아와도 그때마다 요술쟁이처럼 새로운 모습을 보인다.

가을의 정취를 안고 다시 제자리로 돌아가는 길은 풍요롭기 그지없다. 화기애애한 추억을 머금은 청랑한 웃음소리에 행복이 넘친다. 아슴한 고향 지인들과 2박 3일 동안 되살린 동심을 내내 간직하리라.

2006. 10

# 설악산의 한유閑裕

단풍이 끝나갈 무렵에 설악산을 찾았다.

시원하게 달리는 고속도로를 벗어나 아기자기한 국도로 들어섰다. 느릿느릿 달리다 보니 마음은 어느새 언덕진 고향 길을 돌고 있다. 동네 어귀의 느티나무가 문득 차창 밖을 스친다. 오래된 도로인지 굵직한 은행나무 가로수들이 황금 이파리들을 다 털어내고 마치 사열이라도 받는 듯 정연하다. 텅 빈 산야는 한 폭의 묵화처럼 차분하다.

진부령을 지날 때 갑자기 안개비가 시야를 가렸다. 정취는 고사하고 한치 앞도 가늠할 수 없는 날씨의 변덕에 우리는 말문이 막혔다. 구불구불한 길이 조마조마하였다. 한참 내려가고 있는데 누군가가 "구름 봐." 하고 감탄했다. 산허리까지 떠도는 은빛 구름이 꽃밭을 이루었다. 구름 뒤엔 태양이 눈부시다. 어머니의 품같이 우리를 평화롭게 했다.

굳이 길을 재촉하지 않았다. 구름은 한껏 여유롭게 흐르고 산 위의 하늘은 여전히 푸르다. 느릿느릿 펴지는 구름은 군자의 거동 같고 거두어들이듯 모여드는 구름은 지사의 취미와도 같은 것이라 했다. 가뭄이 들 때 비를 내리게 함은 인이라 하고, 오래 떠있지 않고 길게 머물러 있지 않음이 곧 통달의 경지라 했다. 뭉게뭉게 떠오르는 분홍, 붉은 오렌지빛 사이로 보이는 푸른 하늘과 어울린 광경을 잊을 수가 없다.

산 아래를 굽어보니 확 트여 있다. 일상에서 벗어난 홀가분한 마음처럼 여유롭다. 인생은 여행과도 같은 것, 순탄한 여정이 있는가 하면 가파른 여정도 있다. 그 여정이 바뀔 때마다 구름의 변모는 많은 가르침을 준다. 세상 만사는 마음먹기 나름이라는 말도 잊지 않는다.

바다를 안고 있는 설악은 사계의 풍광이 다채롭다. 특히 가을과 겨울이 그려낸 산수도는 마음을 평온하게 한다. 각박한 삶 속의 긴장과 피로를 훌훌 털어버리게 한다.

산 그림자가 어둑어둑 내려앉는다.

우리 일행은 설악 콘도에 짐을 풀었다. 처음에는 승용차 한 대로 다섯 친구가 출발하려 했다. 뜻밖에 동참할 친구가 한 사람 더 생겨 결국 넷은 승용차로, 두 친구는 고속버스를 이용하게 되었다. 버스 편이 승용차보다 빨리 도착했다. 승용차가 두 시간 더 늦게 도착하였다. 먼저 온 한 친구가 추위에 떨다 감기에 걸렸다며 투덜댔다. 성미가 급한 ㅈ이 "다 날씨 탓이지." 하고 퉁명스럽게 반박했다. 분위기가 갑자기 싸늘해졌다. 예약해 놓은 숙소에서 만나기로 했다면 이런 낭패가 없었을 것이라며 거듭 사과를 했다. 기다림에 지친 친구들은 한 옥타브가 올라간 목소리로 성이 가시지 않았다. 50여 년을 사귄 우정에 금이 가지 않을까 모두가 당황하였다. 나는 "친구야, 친구야 어쩌다 말다툼했다고 등질 수 있나." 라는 대중가요를 목청껏 불렀다. 그 노래 소리에 그만 모두 웃고 저절로 풀어졌다.

무거운 분위기도 잠시, 밤이 이슥하도록 재잘거리며 웃음보를 터뜨렸다. 유년시절 추억의 한 구석에 남아있는 사투리가 묘한 고향의 향기를 불러 일으켰다. 세월을 돌아보는 여행길, 삶의 번잡을 씻어준 듯 한결 마음이 가벼워졌다.

한 발 두 발 낙엽을 밟으며 즐기는 잔잔한 한유閑裕가 더없이 정겹다. 어느덧 우리는 맑게 닦은 거울 같은 하늘에 조용히 지나가는 구름의 정취에 취해 있었다.

2007. 11

# 실자라인을 타고

발틱해의 초호화 유람선 실자라인을 타고 핀란드에서 스웨덴으로 이동하였다. 나는 역사 속에 나오는 도시를 순회할 때마다 감동에 설렌다. 떠나온 항구의 절묘한 아름다움과 고즈넉한 경관에 매료되어 입을 담을 수 없었다. 58,000톤의 웅장한 배는 거친 바다도 동요 없이 미끄러져 나갔다.

유람선은 하나의 작은 도시였다. 백야의 나라답게 나이트클럽, 풀장 등 12층까지 엘리베이터가 움직인다. 면세점, 쇼핑 거리의 구경도 흥미로웠다. 젊은이들의 사교장으로 술렁인다. 북유럽의 젊은 층은 여유가 없어 파티를 열 때나 일상에서 벗어나고 싶을 때 배를 타고 이곳에서 밤새 마시고 춤에 취해 놀다가 이튿날 스웨덴으로 돌아간다고 한다.

밤이 새도록 파도를 가르며 달려 아침에야 스웨덴에 도착하였다. 수도 스톡홀롬은 4개의 섬으로 다리가 53개나 이어졌다. 북부의 베니스답게 아름다운 도시였다. 400년이 넘은 건물들은 구시가지와 새로 건물을 짓는 신시가지로 나누어 졌다. 옛날 동쪽 섬 14개는 귀족이 살던 곳으로 지금은 부유층이 산다. 제일 높은 언덕까지 곤돌라를 타고 올랐다. 바다의 풍광과 어우러진 이 도시는 유난히 붉은 벽돌로 지은 집들이 많아 숲과 호수와 어울려 아름다웠다.

모진 약탈로 이름을 날린 바이킹들의 조상은 서부 유럽을 휩쓸고 얼음으로 뒤덮인 그린랜드, 남쪽으로는 카스지대. 북아메리카 대륙까지 진출하였다.

악명 높은 바이킹들이 만든 배는 기동성이 뛰어났다. 배 밑바닥을 평면으로 만들어 해안까지 들어갈 수 있었다. 그들은 죽음을 두려워하지 않아 전투에서 죽으면 발할라라 불리며 천국에서 영원히 살게 된다고 믿었기에 용감하였다.

첫날은 화려하고 아름다운 외관을 자랑하는 궁을 찾았다. 국기가 휘날리지 않으니 왕이 궁에 없다고 한다. 현 국왕 칼 16세 구스타프와 실비아 왕비는 가끔 나오는 공화정 이야기에 흔들리지 않을 만큼 많은 국민의 사랑을 받는다 한다. 빅토리아 공주가 왕위 계승자며 남동생과 여동생이 있지만 서열로 하는 여성 우월 사회에 박수를 보냈다. 왕가는 스웨덴을 위한다는 명분뿐이라 했다.

배가 전시된 박물관에는 고난을 이긴 바이킹 후예답게 바사왕궁을 빛내기 위해 만든 군함이 있었다. 1625년 진수식 때 대포 50문을 실었는데 10미터도 못가서 가라앉았다 한다. 33년 만에 다시 복원해 중세의 생활양식, 옷, 가구를 전시하고 있었다. 그 당시의 웅장한 뱃머리의 조각들을 그대로 복원하여 자부심이 대단했다. 우리나라 조선도 세계적이라는 자부심에 젖어보기도 했다.

밀레스가든을 찾았다. 수많은 조각상들을 한나절 관람하였다. 조각상에서 뿜어 나오는 분수, 살아있는 듯한 조각품들에 현혹되어 발길을 돌릴 수가 없었다.

밀레스 부부는 아들을 잃고 야외박물관에 혼신의 열정을 기울였다. 초상화 작가인 부인 올가는 그림을 그리면서 남편을 헌신적으로 뒷바라지하여 그들의 조각품은 조국의 자산이 되었다. 사후 정원에 묻기를 바란 두 작가는 세계 각국의 관광객의 조헌으로 축복을 받는다.

번화가인 노벨상을 시상한 시내를 지났다. 우리나라에서도 제2, 제3의 노벨상을 탈 사람이 나오기를 빌었다. 이 나라는 노벨문학상이 제정된 이래 6명의 수상자가 나온 단골 수상국이라니 우리나라도 희망이 있으리라.

이곳 태생인 유명한 배우 잉그릿드 버그만, 그레이드 밋참의 팬이 되어 가방을 든 채 극장 주위를 맴돌며 영화관에서 소일했던 옛날이 생각났다.

모두가 꿈꾸는 평화롭고 풍요로운 복지국가를 보니 부러운 마음이 들었다.

경제 수준이 높고 깨끗하고 쾌적한 환경, 푸른빛이 감도는 공기가 코끝이 시원하고 눈이 부셨다. 석유를 보유하고 있어도 환경오염을 염려하는 마음으로 자동차보다 자전거를 많이 이용하기 때문이리라.

경제력과 환경 다음으로 사람에 대한 믿음과 국가, 사회, 시스템에 순진할 정도로 믿음을 갖는다 한다. 공동의 이익을 위해 함께 노력하는 선진국 국민답게 높은 세금에도 국가로부터 돌려받는 혜택들을 누리며 행복하게 지내는 국민이 부러웠다. 북부 유럽의 추운 나라인데도 여유롭고 온유한 분위기 때문에 그들의 성격이 온화하구나 싶었다. 북극곰과 순록이 사는 스웨덴 사람들은 평화주의자며 갈등을 싫어한다고 한다.

덴마크와 스토레벨트가 가로지르는 해저터널은 자동차 전용도로라 한다.

덴마크와 스웨덴을 터널로 이은 해변저편의 붉은 노을은 영원히 잊지 못할 것 같다.

2004. 6

# 자연의 나라

주택가의 담장이 모두 나무로 둘려 있다. 비옥한 땅이어서 모든 나무들이 우람하고 윤기가 넘친다. 한 아름이나 자란 뽕나무도 가로수를 이루고 있다. 농작물, 배추, 상추, 깻잎들도 지름이 20cm를 넘는다. 황폐한 땅의 바이킹들이 궁핍을 해결하려고 러시아, 프랑스 등에서 물건을 빼앗아 집집마다 창고에 쌓았지만 막상 부가 축적되자 도둑질에 대한 마음의 보상을 위해 나무를 심기 시작했다. 그리고 마음을 다스리는 심정으로 잘 가꾸었다.

여행 중 부러웠던 것은 그들 나라들이 노령화 시대의 천국이라는 점이다.

덴마크의 복지제도는 과연 세계으뜸이라 할만 했다. 노인 연금이 나오고 양노원에서는 입소인 20명에 종사원이 사십여 명이었다. 가히 천국이다. 여생에 회의를 느끼지 않도록 날마다 견학, 레크레이션 등 프로가 진행된다. 병이 나면 많은 경비가 소요되므로 수련 프로그램을 마련한 것 같다. 국민 모두가 수입의 45%를 세금으로 내는데 부부 두 사람의 수입에서 한사람 수입은 몽땅 세금이 된다. 교수 정치인 변호사 등등, 능력자일수록 75%까지 세금을 내서 복지사회를 이루고 있다.

아이들은 두 집 건너 한 사람 정도다. 모든 교육은 무상이다. 우리에 비하면 천국이 따로 없다. 18세부터 부모 슬하를 떠나 완전히 독립한다. 그러나 점차 주택난과 실업문제가 심각해지고 있다 한다. 젊은 장애자들이 많이 보였다. 거리의 장애자들을 나이든 여자들이 돌보고 있었다. 부모가 돌볼 수 없는 장애자는 복지원에서 맡으며 부모가 양육하면 국가에서 양육비와 생활비 일체를 부모에게 지급하고 있다.

이 나라의 국왕인 마르레 2세는 암메이 궁전에서 살고 있다. 자유 민주주의의 국가로 국민들과 친숙하며 입법권이 있지만 실권 행사를 하지 않는다.

우리가 도착하기 일 주일 전에 왕자의 결혼식이 교회에서 있었는데 식을 마치곤 광장에서 국민들과 함께 어울렸다 한다. 권위를 앞세우지 않는 왕가여서 국민들로부터 존경을 받고 있다 한다.

더욱 놀라운 일은 불만에 대한 데모가 우리나라처럼 많은 사람의 가두시위가 아니라 혼자서 피켓을 들고 조용히 서 있다가 돌아가거나 시청 앞 게시판에 데모 내용을 붙이고 무인으로 한다. 무엇이든 질서정연하다.

시장이나 정부요직의 인사들도 다 자전거로 출퇴근한다. 자전거 보관대가 2층으로 설비되어 있기도 한다. 근검절약한 국민들의 표상 같다. 가장 신기한 것은 가로등이 전주에 부착된 것이 아니다. 공중의 전깃줄에 전등을 매달아 불빛을 비춰 주며 약한 전력으로도 더 밝다는 점으로  검약정신을 볼 수 있었다.

태권도 사범이 경영하는 식당에서 우리를 초대했다. 한국식당이 거의 없는 실정인데 고국의 관광객을 위한 서비스라 했다. 맛있는 점심이었다. 이곳 채소는 멋없이 컸다. 한국에서 씨앗을 가져와 모종을 하여도 별수 없이 크더라  하였다. 식후에 입양된 전쟁고아들을 위한 희사 안내가 있었다. 코펜하겐 대학교에 한인들의 모임도 활발했다. 교민단체도 한인회를 만들어 친선도모에 적극이라 한다.

세계 어린이들에게 꿈을 심어 주었던 동화의 작가 H. 안데르센의 생가에 들렸다. 그는 가난하여 학교 교육을 받지 못하였다. 어렵고 힘든 나날 속에 끝없는 공상을 하며 살았다. 그런 꿈의 상상이 인어공주를 탄생시켜 동화작가로 세계문학에 이바지하게 되었다. 사랑을 이루지 못하고 바다에 몸을 던진 인어공주는 덴마크의 바다 위에 쓸쓸히 서 있는데 어이없는 수난으로 눈의 동공이 빠지고 없었다. 이유 없이 테러가 자행되어, 1913년 다시 조각상을 세웠으나 이후 두 번 목이 잘리고 여섯 번 페인트 세례를 받고, 2003년에는 폭약에 날려 다시 복원 된 인어공주가 관광객을 맞이하고 있다 한다.

한때 신대륙과 러시아에서 값싼 곡물이 유입되어 큰 타격을 받았다. 그러나 19세기에 들어서서는 근채사료로 돼지를 사육하고, 농산물을 가공하여 공업화에 성공함으로써  베이컨을, 버터 등 낙농제품을 수출하여 다시 경제를 성장시켰다고 했다.

우리나라도 농산물 가공에 관심을 기울여주기를 바라면서 북유럽의 긴 여행을 마쳤다.

2005. 9

# 흑산도 추억

몇 년 전 흑산도 여행에서 느꼈던 감흥을 나는 아직도 잊을 수가 없다.

복잡한 일상에서 벗어나 천 개가 넘는 섬으로 이루어진 신안군을 찾아 나섰다. 그 해 우리 부부는 KTX로 우선 목포까지 달렸다. 예전에 더디게 달리면서 왁자지껄하던 분위기는 사라지고 차창 밖 정경도 눈여겨 볼 겨를이 없었다. 옆 자석의 동행인과의 잔잔한 대화가 그런대로 옛날 인정이 흐르던 추억의 열차를 탄 듯했다.

쾌속정은 이름 그대로 쏜살같이 내닫는다. 유리창은 모두 썬팅이 되어 있고 출입문이 잠겨 있어 마음대로 드나들 수가 없다. 그리움과 낭만으로 설레던 그 섬은 안 보이고, 갈수록 파도만 거세져서 여기저기서 볼멘소리가 터졌다. 선체가 갑자기 흔들리고 의자에 앉았던 사람들이 훌쩍 떨어지기도 했다. 우왕좌왕 주저앉아 멀미들을 한다. 멀미가 난 손님들은 뒷좌석으로 이동하라는 방송이 나온다. 통로의 쓰레기통들이 일반적인 청결용이라기보다 멀미 대비용임을 쉽게 알 수 있었다. 다행히 나는 멀미를 하지 않아 느긋했다.

목포에서 93킬로 떨어진 흑산도가 귀양지가 된 이유를 알 것 같았다. 망망대해의 파도는 그만큼 거칠 것이 없었다. 휘두를 때마다 바다 밑의 암석과 해초도 몽땅 쓸어 갈 것 같은 생각이 들었다. 파도를 어찌하지 못하는 바다를 보면서 인간의 욕망이 새삼 무모하게 느껴졌다. 산마루까지 덮칠듯하던 파도가 숨을 고르면서 어느새 햇볕은 따사롭다. 어려운 고비를 넘기면 화평함이 온다는 인간사와 다를 게 없다.

11개의 유인도와 89개의 무인도를 포용한 신안군의 제일 큰 섬, 흑산도! (170호 천연 기념물) 온 섬을 뒤덮은 상록 활엽수 때문에 바다가 푸르다 못해 검게 된 예리 항에 올랐다.

파시를 이루던 그 시절에는 개들도 돈을 물고 다녔다는 흑산도, 산길의 열두 굽이를 돌고 돌았다. 동백나무 군락지로 섬 전체가 관광코스다. 320년이나 된 초령목(천연기념물 361호)은 가지를 꺾어 불전에 놓으면 귀신을 부른다 해서 귀신나무라고도 한다. 흑산도에 옹기를 팔러온 총각에 연정을 품은 처녀귀신이 배가 출항할 때마다 풍랑을 일으켜 배가 떠날 수가 없었다.

소년을 두고 가야 배가 떠날 수 있다는 무당 말에 배는 소년을 떼어 놓고 떠났다. 홀로 남은 총각이 고향이 그리워 피리를 불다 떨어져 죽었다는 전설이 있는 처녀당, 정해진 자리에 서면 대한민국 지도가 보이는 기묘한 바위도 있다. 철심을 꽂아 켄드라 공법의 시설을 이용하여 다리 기둥도 없는 낭떠러지를 아슬아슬하게 지났다.

열두 번 굽이 도는 열두 구비 도로로 삼라봉에 올랐다. 흑산도 최고의 전망대다. '흑산도 아가씨' 의 노래비가 세워져 있다. 비문을 읽으면 검게 타버린 흑산도 아가씨의 외로운 심정을 엿보게 된다. 일몰은 초 단위로 바뀐다. 노란빛이 잦아들면서 점점 붉은빛이 짙어진다. 그러다간 순식간에 해가 지고 붉은 잔해가 서린다. 육지와 바다의 열기가 어우러져 물안개가 피어오르는 석양의 일몰은 매우 환상적이다. 어둠이 내리자 예리 항에는 하나 둘 불이 켜졌다.

이곳 바다는 '물 반, 고기 반' 이라는 말을 실감케 한다. 바지락 캐는 아낙네들의 재빠른 손놀림에서 갯바람이 물씬 났다. 선착장으로 발길을 돌렸다.

홍어 잡이 배에 올랐다. 어부들은 5톤의 배로 3~5시간 먼 바다로 나가 한 3일 동안 작업을 한단다. 보통 40~50 마리를 건지게 되며 그건 모두 경매에 붙여진다고 한다.

옛날에는 역풍이나 폭풍우에 도착하는 날이 지연되면 생선이 모두 상해 먹을 수가 없었다. 달포가 지나도 홍어만은 먹어도 탈이 없어 그때부터 오히려 며칠씩 보관하여 먹었다 한다. 홍어를 사서 시식해 보니 9, 10월의 홍어가 제일 맛있다는데 과연 육질이 찰지고 부드럽고 상큼하다.

정약전은 홍어의 회, 구이, 국, 포가 다 좋다 하였다. 배가 아플 때나 숙취에 좋다 한다. 홍어 씻은 물을 버린 곳에는 뱀이 얼씬거리지 않을 뿐만 아니라 뱀에 물린 땐 그곳에 홍어 껍질을 붙이면 낫는다 한다. 저지방 알카리성 식품으로 삭히는 기능이 탁월해 기관지염, 천식, 소화불량, 관절염에 특효가 있다고 한다. 담석 예방, 뇌졸중, 동맥경화, 심부전증 예방에 좋은 고단백식품이다. 남도지방에서는 잔치에 홍어가 없으면 먹을 게 없었다는 뒷말이 있을 정도라 한다.

양식장은 해변 어디서나 볼 수 있었다. 전복을 다시마로 키우는 어민들은 모두 여유롭게 살아 '흑산도에서는 돈 자랑하지 말라' 는 속언도 있다.

섬의 열두 마을 중 다섯 마을은 포장되지 않은 길을 그대로 유지하고 있다.

해녀들의 물질도 오랜만에 볼 수 있었다. 멸치, 미역, 다시마, 멸치액젓, 쥐포가 특산물이었다. 염소를 방목하여 때 묻지 않은 자연 그대로 사는 모습이 더없이 좋았다.

신유박해로 귀양 간 손암 정약전이 사리四里에서 15년간 유배생활을 하면서 근해의 물고기와 해산물 155종을 채집하여 명칭, 형태 분포, 실태 등을 기록한 자산어보玆山漁譜는 오늘날까지 훌륭한 유산이다. 사리언덕에  아이들을 가르치던 복성재復性齋사둔서당가 남아 있다.

강화조약을 반대한 면암 최익현은 유적지 천촌리에서 2년간 유배생활을 하면서 신분제의 나라에서 신분을 잊고 후학을 가르쳤다. 문하생들이 이곳에 그의 유적비를 세워 선비의 고매한 애국정신과 후학양성의 뜻을 기렸다.

해가 떠오르면 눈이 부시도록 붉게 물들고, 그 바다 위를 지나가며 검은 쉼표를 찍는다. 나도  점을 찍으며 다시 홍도로 뱃머리를 돌렸다.

2004. 9

# 행복한 여행

미국에 사는 둘째 딸 네와 우리가 하와이에서 만났다. 함께 지낸 6일간은 아무 걱정도 거리낌도 없이 웃음으로 가득 찬 나날이었다. 모든 걸 제각기 알아서 척척 움직였다. 16명의 가족! 잠 잘 때는 각기 방으로 흩어지지만  식사 땐 모두 가까운 식탁에 모여 옛날 어린 시절 한 지붕 아래서 살던 분위기가 된다. 즐겨 먹던 음식들의 풍미가 웃음 속에 되살아나곤 했다.

둘째 딸은 그동안 밤잠을 설쳤다 한다. 무심히 친구들에게 그런 이야기를 했는데 어찌나 부러워하는지 더 이상 말을 할 수 없었다 한다. 꿈길에서도 행복한 장면이 보여 불쑥 일어나곤 했다는 것이다.

처음엔 가족이 많아 한 자리에 모이기가 어려울 것으로 여겨졌다. 음력설의 황금연휴도 있어 비행기 티켓 예약도 쉽지 않을 것 같았다. 사방팔방으로 손을 뻗었다. 간절한 우리의 염원이 하늘에 닿았는지 순조로운 출발을 하게 되었다. 4살인 동욱이와, 우리 부부, 사업하는 큰사위와 딸, 아들내외, 막내 딸, 손녀, 손자들과 미국의 둘째 딸과 현민 윤경이까지 일정이 잘 조정되었다. 5월이면 입대할 손자와 내년이면 고 3이 되는 손녀 손자들을 위한 여행이었다.

호놀룰루의 맑은 하늘에 24도 날씨. 겨울옷을 훨훨 벗었다.

'즐거운 여행으로 꿈은 높게 멀리 바라보는 미래를 품자.' 라는 플래카드 아래 여덟 명의 손자 손녀의 활짝 웃는 모습들이 우리들의 마음을 한없이 싱그럽게 하였다.

바다로 둘러싸인 하와이는 어느 곳을 찾아도 짙푸른 색깔이 확트인 관광코스다. 산호와 해초가 풍성하여 여느 바닷가처럼 비린내가 풍기지 않는 남태평양의 깨끗한 바람을 마실 수 있다. 바람언덕 위는 그지없이 상쾌하다.

오후에는 호텔로 돌아와 저만치 와이키키 해변에 시선을 던지며 느긋한 휴식을 즐겼다.

하와이 여행은 이번이 처음이 아니다. 이 코스도 예전의 코스지만 감회는 더욱 그윽했다. 가족들만의 동행이어서 어느 곳에서나 활달한 웃음소리는 가슴을 활짝 펼치게 한다.

여왕 칼라니의 동상 앞에 선다. 즉위한 후 미국과 통합한 사실이 아이러니칼하게 느껴진다. 낙원을 빼앗기고 근근이 연명하는 원주민의 처지가 참으로 안쓰럽다. 마약, 알코올, 질병의 작희作戱에 의한 멸망이 전설속의 이야기 같기만 하다. 관광지로 변모된 오늘, 그들의 전통은 어찌될 것인지 의아해질 뿐이다.

하와이, 피지, 사모아, 폴리네시아 뉴질랜드, 통가 태아이티의 7개 섬의 원주민들의 생활모습을 보며 훌라춤도 배워보는 손자 손녀들의 해맑은 웃음이 끊이지 않는다. 남태평양의 물빛을 밀고 왔다 빠져나가는 해변의 정경은 하늘이 그린 수채화다. 볼 때마다 가슴이 설레는 아름다움의 정화다. 우리도 떠났다가 그리우면 다시 찾아 올 것 같다.

일찍이 이승만 대통령이 다녔다는 예배당은 헐려 옛 흔적은 없다. 100년도 훨씬 넘는 우리 선조들의 애환이 서린 사탕수수밭도 파인애플 농장도 자취 없이 사라졌다. 그 넓은 벌판에 지금은 새우 양식장들이 들어서 있다. 일제가 폭파했던 진주만의 보수로 그 역사의 흔적은 보존되고 있지만 그 무상함을 세월 따라 더욱 절절히 느낄 수밖에 없다.

추위를 털고 떠나온 여행이어서인지 한결 홀가분하다. 자유롭다. 남편과  나는 해변 길을 자주 걸었다. 코알라후산 아래의 그림

같은 집과 세계 각처에서 모인 해변에 관광객들의 행장을 감상하며 한가로움을 즐겼다. 중학생 이상의 다섯 손자들이 해양 스포츠의 일환인 스노클링, 보트, 윈드서핑… 등등을 즐기며 작열하는 태양과 시원한 바람 속에서 도전하였다. 아들, 큰딸 내외는 보호자로 바다에서 새카맣게 그을려 돌아왔다. 네 살 동욱이도 잘 적응하였다. 동욱, 윤경, 세린이가 제 엄마들과 해변에서도, 호텔 풀장에서도 신이 나게 헤엄치는 모습이 더없이 귀여웠다. 생동감이 넘쳤다.

밤이면 모두 가볍게 와이키키 해변을 거닐었다. 기분 좋은 밤공기를 마음껏 즐길 때 아들이 “하와이 거리가 우리 동네 거리 같다.”고 해 한참 웃었다.

우리 동네의 상가 건너편 한강이 바로 남태평양이라 하여 다시 한 번 큰 웃음소리가 인파속을 파고 들었다.

동규와 현민 동준은 대학생인 형, 형준이와의 공동생활에 기쁨을 만끽하고있다. 짧은 영어실력이지만 쇼핑도 해보고 돈을 쓰는 법도 배울 수 있어 안성맞춤이라 했다. 음식을 주문하면서 곧잘 복습하였다. 같이 잠을 자고 피부를 부딪치며 체온을 나눌 수 있는 여행이란 얼마나 행복한 시간인가!

막내 이모와 민지와 세린, 윤경이와 합숙을 하면서 정이 더욱 두터워진다.

치안이 잘된 휴양지라 그동안 학교생활에서 익힌 공덕심을 가만가만 펼치며 즐겼다.

아이들과 보낸 6일 동안은 내 삶에서 새로운 행복으로 수를 놓았다. 헤어지면 그리움을 안고 재회를 꿈꾸겠지만 어린 손녀들의 아쉬워하는 표정을 보니 새삼 애잔한 마음이 든다. 짧은 여행을 즐기며 더욱 돈독해진 가족들의 훈훈한 정이 꿈엔들 잊힐 리야.

여행하는 동안 즐거웠던 추억은 마음을 푸근하게 한다. 여권을 서로 챙겼다. 떠나기 전날의 즐거운 만찬을 위해 인터넷으로 식당을 예약하고 유명하다는 한국 음식점을 찾아 가니 가이드와 함께 왔던 음식점이어서 온 식구들이 다시 한 번 크게 웃었다. 돌아오는 길은 막차인 관광버스가 우리 식구들의 자가용이 되었다.

동행하지 못한 둘째, 셋째 사위가 새삼 마음에 걸렸다. 비행기 안에서 무사히 보낸 즐거운 여행에 감사하며 오수에 잠겼다.

2010. 2

# 보고 또 보고

그 때 그대로인 하와이 공항을 밟았다. 9. 11사태 이후 무척 까다로워진 출입절차였다. 지문을 누르고 사진까지 촬영하였다. 꽤 오랜 시간을 무슨 잘못이나 저지른 사람처럼 묵묵히 줄을 서서 기다렸다. 그들의 눈에 똑같이 생긴 동양인들을 구별하기 어려워서 그러려니 하고 자위를 하였다.

불쾌하기는 잠시, '레이' 의 울긋불긋한 꽃목걸이가 우리의 도착을 환영한다. 처음 왔을 때의 그 길을 다시 찾아 걸어 본다. 감회가 새롭다. 제주도보다 좁은 땅, 그래도 넓게 느껴지는 것은 모두가 잘 개발되어서일까? 와이키키 해변의 쌍둥이 아파트와 컨벤션센터, 인도 왕자의 투 룸의 아파트가 그 동안 변하였을 뿐, 옛날 그대로 낯익은 거리다.

열도를 오후 내 소요했다. 바람 산을 찾았다. 폭풍처럼 드센 바람이 일상의 티끌을 훌훌 털어 주었다. 간간이 비를 내렸다. 수목의 성장에 적합한 기후에 푸른 낙원이 될 수밖에.

하와이에 폴리네시아 민족이 이주한 것은 5세기경이다. 부족 간의 싸움이 계속되었으나 카메하메하가 이를 평정하여 왕조를 유지했다. 하와이는 미국과 극동을 잇는 태평양의 통상과 포경의 기류지가 되었다. 미국인을 비롯한 외국인들이 점차 늘어나 87년에 미국은 호혜통상조약을 맺어 진주만 해군기지를 건설하게 되었다. 여왕 릴리우오 칼라니가 즉위하여 헌법을 개정한 것이 빌미가 되어 혁명이 일어나 공화국이 되었다. 미국과의 합병운동이 지속되다 1897년 매캔리 대통령에 의해 미국 주권의 영역이 되었다.

백인이 과반수가 채 안 되는 유일한 주로 아시안이 주민의 과반수를 차지한 동서 문화의 가교가 되었다.

남태평양의 해변을 따라 오아우주를 관광하였다. 우리나라 교민은 고국을 그리며 산등성이 위에 동네를 이루고 산다. 우리나라 지도처럼 형성된 마을형태다. 남쪽은 주택이 빽빽하다. 삼팔선처럼 수풀이 가로 자른 북한의 위치에는 집들이 듬성듬성 분포된 형태다. 고향을 그리워하는 교포들의 마음에 잠시 착잡해진다.

산악의 풍광과 어우러져 한없이 펼쳐진 옥색 물빛, 짙은 남색 물결 위엔 서핑하는 무리들이 활발하다. 여행자들은 주로 파도를 타며 심해어의 꿈을 꾼다. 빨강 주황 노랑 초록, 등의 여러 빛깔이 흐르는 해변, 끝없이 펼쳐진 태평양과 진홍빛 구름에 마음을 실어본다.

원주민이 사는 와이마나로 마을에 멈추었다. 걸음이 불편할 정도로 비만한 사람들이다. 분리되어 생활하고 있었다. 영화에서 격렬하게 습격하는 인디안을 잔혹하다고 느끼며 백인들의 위용에 박수쳤던 일이 문득 부끄러웠다.

원주민을 마약과 성병자로 전략시켜 무인도로 쫓아내 멸종시키려 했단다. 그들은 일하지 않고도 보조를 받고 사는데 격리구역이 되어 벗어나지도 못한다. 단돈 몇 달러라도 벌이가 생기면 생활비가 중단되어 아예 직업을 구하려 하지도 않는다. 민속촌에서 민속을 공연하는 소수민족이 되어 국제결혼에 의한 혈통마저 사라지고 있단다. 용모를 살펴보니 피부도 검지지 않고 오목조목 잘 생겼다.

파인애플 농장마저 허허벌판이다. 사탕수수 밭도 조금 밖에 보이지 않는다. 이곳도 3D에 속한다. 우리 민족의 애환이 담긴 역사의 한 페이지는 그래도 전설처럼 남았다. 18세 어린 신부인 홍난희는 사진혼례를 올리고 하와이로 시집왔을 때 45세의 신랑을 보고 처음은  시아버지인 줄 알았다 한다. 손가락 매듭마다 쇠갈고리 같이 패인 늙은 농부가 남편임을 알게 되었을 때 죽고 싶었다 한다. 너무나 초라하고 앙상한 남정네를 보고 또 보고 결국 그 사람을 보살펴야겠다는 일념으로 여러 남매를 키우면서 봉사로 생을 보냈다 한다.

그의 아들 닥터 홍은 이곳에서 의술을 폈다. 땅을 많이 가진 본토 사람의 생명을 구해 주었다. 그 사람이 대지를 희사해 주어 이곳에서 5번째 큰 병원을 개업하였다. 탁터 홍은 과로로 휴양을 하러 떠나게 되었는데 위급한 환자가 찾아와 이를 응급 치료하느라 떠나지 못하고 환자만 구하고 자신은 그 자리에서 숨을 거두었다. 이 슬픈 일화를 칭송하며 마음의 꽃으로 피었다.

독립의 모체였던 이승만 대통령이 세운 교회가 헐려 한창 건축중이었다. 민족의 얼이 배인, 사탕수수를 재배해 고난을 극복했던 30년대의 현장이 자취를 감추어 아쉬웠다.

와이키키 해변은 휴가를 즐기는 노부부가 과반수다. 여행이 곧 생활의 한 부분인 그들이 부러웠다. 여유가 있어야 여행을 떠나는 우리나라 사람들의 다람쥐 쳇바퀴 도는 형편이 새삼 안타깝게 느껴진다.

그 유명한 진주만 군사기지를 향하였다. 41년 12월 8일, 일본군이 펄하버의 미 해군 기지를 기습 공격하여 태평양 전쟁이 발발한 바로 그곳이다. 일인들은 이를 큰 자긍심으로 관광하는데 우리와는 교감이 다르다. 미국은 일본의 공격을 미리 알고 항공모함을 5,000 킬로나 떨어진 샌디애고에 정박해 놓았는데 진주만의 공격을 승전이 계기를 삼으려 하였다면 그 희생자들은 무엇이라 할까.

8개의 남태평양의 여러 섬들에 사는 여러 민족의 고유한 풍물을 공연하는 민속촌에서  하루를 빠듯하게 보냈다.

2004. 3

# 은은한 인격의 향기가 뿜어나오는 글

**김 병 권**
전 한국문인협회 부이사장

동해안지방에는 '눈폭탄' 이라 불리는 폭설이 내려 교통장애는 물론 주민의 생계마저 위협하고 있다. 정부에서는 특별재난지역으로 지정하여 복구대책을 강구하고 있지만 과연 어느 정도까지 복구가 될지 안타깝기만 하다.

이러한 때에 최염 수필가가 두 번째 수필집을 출간하게 된 것을 마음껏 축하하며 앞으로의 문학도정에 더 큰 영광이 함께 하기를 기원해 마지 않는다.

책을 내는 것은 기쁜 일이다. 몇 해 동안 써두었던 글을 한데 묶어 세상에 내어놓는다는 것은 마치 장성한 자녀를 성가成家시키는 것만큼이나 마음을 들뜨게 하고 바쁘게 한다. 다듬고 퇴고하면서

보다 더 좋은 것으로 내어놓고 싶은 마음 때문에 창작과정에 못지 않은 내공을 들이게 되는 것이다.

최염 수필가는 일상생활 속에서도 완벽주의에 가까운 치밀한 성격의 소유자다. 그러기 때문에 돌다리도 두드려보고 건너듯 하나하나 재보고 따져보면서 일을 처리한다. 그래서 최 작가에게는 '언행일치' 라는 애칭이 붙어 다닌다. 한 편의 작품을 쓰더라도 '기승전결' 에 남다른 관심을 기울이고 있는 것도 좀처럼 허점을 드러내지 않기 위함이다.

이러한 점에서 볼 때 최염 수필가는 수필을 쓰기 위해 태어난 사람 같다. 선천적으로 결 고운 심성의 소유자인데다 일찍이 한학자인 부친한테 삼강오륜의 법도와 인의염치仁義廉恥를 익힌 탓에 유년기부터 곧고 바른 언행을 체질화시킨 것 같다.

수필은 그 어느 장르보다 달관과 통찰과 인격화된 사고로 빚어내는 문학이라고 할 때, 이 작가한테서는 은은한 인격의 향기와 감동의 메시지를 얻을 수 있음이 특색이다. 또한 은근한 인간미와 냉철한 의식세계도 함께 공감할 수 있으니, 일거양득이라 할 수 있다.

그의 글을 읽으면 인간적인 멋과 맛을 느낄 수 있어서 좋다.

'일상의 여유' 는 생활 속의 여백을 산책으로 수놓으며 스산해진 마음을 다스려 나가는 작가의 일상을 작품화한 생활수필이다. 향수의 나래를 펴고 유년기와 사춘기시절로 거슬러 올라가 고향산천의 이모저모를 회억해 내는 작가의 심상이 손에 잡히는 듯 선연하다.

"눈을 감아도 선히 떠오른다. 배회하던 어린 시절의 그 오솔길을 나는 혼자서도 자주 찾았다. 집을 나와 언덕길을 넘어 고즈넉한 옛 성루 앞까지 숨을 헐떡거리며 걸었다. 솔바람 소리에 취한 채 낙엽을 밟으며 걸었다. 시를 읊고 사색을 하며 혼자만의 시간을 만끽하던 그 시절. 때로는 친구와 함께 교회당 길로 접어들면 귀에 익은 풍금소리가 우리를 황홀경에 빠뜨리기도 했다. 그 친구도 나처럼 그리운 그 시절을 회상하고 있을까…."

이렇게 회상하고 있는 작가의 추억 샘에는 아무리 퍼내도 마르지 않는 아기자기한 이야기들이 흥건히 고여 있는 것만 같다. 수필이 추억을 쓰는 문학이라는 데 남다른 매력을 느끼고 있는 이 작가는 마치 수채화를 그리듯 회상의 캔버스 위에 다양한 색조의 그림을 그리고 있는 것이다.

'행복한 여행' 은 한국과 미국 등 각지에 흩어져 살고 있는 직계자녀 손들 16명을 중간 지점인 하와이에 집결시켜 1주일간이나 함께 휴양하고 돌아 온 이야기를 작품화한 것이다. 누구나 마음속으로야 간절히 소망하는 일이지만 실제 생활면에서는 쉽사리 실천할 수 없는 것이 우리네 현실이다. 그런데 이를 과감하게 결행한 작가의 발상과 결단력이 놀랍기만 하다.

역사란 우연한 결과물로 얻어지는 것이 아니다. 이렇게 주도면밀한 기획을 세우고 모든 구성원이 화합 결속하여 한 가지 목표를 향해 일사불란하게 호응해 주었을 때만이 가능한 것이다. 마치 군사작전을 방불케 한 이 가정의 역사는 참으로 아름답게, 또 역동적으로 만들어 나가고 있음이 마냥 감동스럽기만 하다.

"바다로 둘러싸인 하와이는 어느 곳을 가나 짙푸른 색깔이 확 트인 관광코스다. 산호와 해초가 풍성하여 여느 바닷가처럼 비린내가 풍기지 않는 남태평양의 깨끗한 공기를 마실 수 있다. '바람언덕' 위는 그지없이 상쾌하다. / 아이들과 보낸 6일 동안은 내 삶에서 새로운 행복의 수를 놓게 되었다. 헤어지면 다시 그리움을 안고 재회를 꿈꾸겠지만, 어린 손녀들의 아쉬워하는 표정을 보니 못내 애잔하기만 하다."

보통 사람들은 같은 국내에 살면서도 여행일정을 짜기가 어려운데 멀리 외국에 살면서도 이렇게 짜임새 있는 여행을 함께 한다는 것은 여간한 일이 아니다. 이 작가의 끈끈한 가족애와 품격 높은 가풍이 한 폭의 그림처럼 다가온다. 16명이라는 대부대(?)가 동원되었는데도 둘째 사위와 셋째 사위가 불참했다니 이 얼마나 다복한 집안인가. 모두가 부러워할 한국적 전통가정의 단면을 보는 것 같아 흐뭇하다. 이 작품은 제목 그대로 '행복한 여행' 의 생생한 표본이라 할만 하다.

'즐겁게 살아가기' 는 노년에 접어든 작가가 지금까지 지내온 발자취를 회상하면서 남은 생애는 좀더 즐겁고 보람 있게 살아야 되겠다고 다짐하고 있는 작품이다.

의학의 발전과 생활환경 개선으로 장수시대에 접어든 오늘날의 인간은 그 누구나 불로장생을 꿈꾸게 된다. 굳이 저 설화 속의 진시황 이야기를 들먹이지 않더라도 요즘 장수에 대한 염원을 안고 건강에 대해 관심을 갖지 않는 사람은 없다. 공직에서 물러나는 65세 노인을 일컬어 청년이라 부르고, 남녀의 평균수명도 75세에서 81세에 이르고 있음을 보아도 이제 백세 노인시대는 눈앞에 성큼 다가왔다고 할 수 있다.

이런 시점에서 고희를 맞은 작가는 인간의 행복과 불행은 오직 마음자세에 기인하고 있음을 깨닫고 언제나 평안한 마음, 감사하는 마음을 가져야 하겠다고 다짐하고 있다. 특히 저 불행의 삼중고를 살다 간 헬렌 켈러의 일화를 떠올리며 매사를 감사한 마음으로 살아가는 것이 행복의 요결이라고 설파하고 있어 읽는 이에게 뜨거운 감동을 안겨주고 있다.

"무심하게 보낸 지난 세월을 반추하며 보고 듣고 느끼는 데서 솟아오르는 생명감을 소중하게 가꾸어나가야겠다. 가까운 사람들과 함께하는 너그러운 마음으로 늘 즐겁게 살고 싶다. / 하루한 사람 이상 만나고 열 번 이상 크게 웃으며 백 번 이상 펜을 들고 천자 이상 책을 읽으며 만보 이상 걷는 늘그막의 날들을 소중히 가꾸며 살아가리라."

이렇게 속마음으로 다짐하는 작가는 능히 이 다짐을 실천궁행하리라 믿어마지않는다. 평소 과묵한 성품에다가 약속 잘 지키기로 정평이 나 있는 최염 수필가는 문즉인文卽人 즉 〈글은 곧 그 사람〉이라는 문학격언의 생생한 표본으로 인정되고 있기 때문이다.

이 수필집의 표제가 되기도 한 '즐겁게 살아가기' 는 최염 작가가 노년의 삶을 얼마나 아름답게 가꾸면서 역동적인 문필활동을 하고 있는가를 생생하게 보여주는 증언록이라 할 수 있다. 이토록 성실하게 만년의 삶을 영위해 나가는 작가에게 건강과 문운이 함께 하기를 기원해 마지않는다.

'눈이 내리는데' 는 지난 해 1월에 쓴 작품인데, 마치 눈 폭탄을 맞은 요즘의 글로 착각할 정도로 폭설의 정경이 실감으로 다가온다. 일본 작가 '가와바다 야스나리' 의 소설 《설국》의 첫 장면을 인용구로 시작한 이 작품은 시적인 분위기마저 감돌고 있다.

"눈은 하염없이 내리고 있다. 정강이까지 빠지는 강둑을 지나니 잔디밭이 하얀 들판처럼 펼쳐져 있었다. 눈발이 코트와 모자 위로 하얗게 내려앉는다. 한강교까지 온 힘을 다해 부지런히 한참을 걸어갔다. 잡념도 없이 숙연한 마음이 된다. 심성이 그대로 자연을 닮아간다. 어린 시절 친구들과 고향의 산천을 헤매던 날들이 저만치서 달려온다. 순수한 우정은 나이도 잊게 마련인가 보다."

이렇듯 냉엄한 현실의 대지를 밟고 있으면서도 어느새 유년의 뜨락을 배회하게 되는 작가는 천생 문학소녀의 숙명을 타고 난 사람 같다. 국내외를 여행할 때나 집 주변을 산책할 때나, 마음의 회귀점은 언제나 유년기의 친구들이다. 연륜이 깊어질수록 옛날에 대한 회정懷情이 짙어지게 마련인 것이 인지상정人之常情이라 했던가.

온갖 속진俗塵을 덮어주는 하얀 눈을 밟으며 스스로 심성정화心性淨化를 체험하는 작가의 심적나상心的裸像에서 무언의 메시지를 읽는다. 포근하게 쌓이는 눈꽃을 맞으면서 찬란한 봄을 기다리는 작가의 내심을 읽노라니 오히려 백설예찬론으로 환치되는 느낌이다. 앙상한 나목에서 새움 터지는 소리를 듣고, 꽁꽁 언 땅 밑에서 새싹의 기지개켜는 소리를 듣는 작가의 심안에 경탄의 갈채를 보낸다.

'삼홍의 선경' 三紅仙境은 설악산 여행길에 백담사를 둘러본 심회를 그린 작품이다. 한국인의 의식 속에는 단풍이라 하면 설악산을 떠올리지만 백담사의 삼홍三紅은 아직 귀에 설다. 그런데 이 작가는 세세한 관찰과 상상력으로 그 핵심을 짚어내고 있음이 경이롭다.

"낙엽에 물든 비탈길을 이리저리 돌 때마다 저절로 감탄이 쏟아진다. 간신이 차 한 대가 통과할 수 있는 중턱에 오르니 청, 홍, 황갈색의 아롱진 물결이 가슴을 설레게 한다. 가슴 밑바닥에 쌓였던 응어리가 일시에 풀어진다. 쉬엄쉬엄 즐기면서 오르니 바로 무릉도원이다. 백담사 계곡이 〈삼홍의 선경〉이라더니 짙고 옅은 붉은 색들이 비취색의 소沼마다 조화를 이루고 사람들의 얼굴까지 붉게 물들인다."

이 얼마나 황홀경인가. 온 산을 물들인 붉은 단풍이 소沼에 반조返照되고 그 수면을 물들인 홍조가 다시 사람의 얼굴에까지 반사되는 이 절경을 어찌 노래하지 않겠는가.

친형제처럼 지내던 6촌 언니와 소꿉친구 ㄱ 과 ㅂ 등 추억을 공유하는 사람들과의 여행이니 특별히 신경을 쓰거나 체면 차릴 염려가 없어 홀가분했다는 고백이 마음에 와 닿는다.

한 때 솟구치는 울분과 우국충정을 다스리기 위해 은둔생활을 시작한 만해나, 실정失政의 응보로 유배(?) 되었던 전두환 전 대통령의 심정도 그와 같지 않았을까 하는 생각이 든다. 세욕世慾에 젖은 마음의 짐을 내려놓으면 이렇게도 홀가분한 것을…. 그러고 보니 삼홍의 선경은 바로 〈무욕의 선경〉으로도 통하는 명구인 것만 같다.

'달達과 궁窮' 은 인내심이 부족한 요즘 세대들에 대해 작가의 권면을 피력한 작품이다.

일찍이 소년등과부득호사少年登科不得好死라는 말이 있듯이 어린 나이에 출세하면 좋게 죽지 못한다는 훈고를 당부하고 있다. 또한 맹자의 '진심편'에 나오는 〈무슨 일이 잘 안 풀려서 궁색할 때는 홀로 자기 몸을 닦는 데 힘쓰고, 일이 잘 풀릴 때는 세상에 나가 좋은 일을 하라〉는 말을 인용하여 조용히 타이르고 있다. 우리 모두가 다 함께 되새겨보아야 할 세심훈洗心訓이라 하겠다.

'똑똑한 사람과 노력하는 사람' 의 대비에서 그저 똑똑한 사람만을 선호하는 오늘의 세태풍조는 부지불식간에 수많은 젊은이를 불행의 늪으로 빠뜨리고 있다.

언젠가 미국의 뉴욕타임스에 발표되었던 '인정認定뒤에 가려진 모순' 이라는 연구결과가 떠오른다. 컬럼비아 대학 연구팀이 뉴욕 지역 초등학교 400명을 '똑똑한 그룹' 과 '노력하는 그룹' 으로 나누어 여러 가지 실험을 하였단다. 그런데 '똑똑한 그룹' 아이들은 어려운 과제일수록 쉽게 포기하고 학습에도 자만하여 능력 면에서도 떨어졌다고 한다. 특히 '똑똑하지 않다' 는 평가를 받게 되는 것이 두려워 긴장스트레스가 가중되었다는 것이다.

이에 반해 '노력그룹' 은 "힘은 들었지만 상황대처를 할 수 있는 심적 여유를 가졌고, 성공과 실패를 스스로 통제할 수 있는 능력이 있었으며, 그것도 낙관적으로 풀어나갔다."고 상반된 분석결과를 내놓았다.

요새 우리 청소년들에게 인기 있는 직업을 꼽으라면 단연 연예인이라고 한다. 연예인은 인기가 곧 등과登科니까 운만 좋으면 20대 전후에 대중의 인기를 얻고 돈도 벌면서 화려하게 어필될 수 있어서 직업 중에 최고라는 것이다. 그러나 인기 연예인 상당수가 젊은 나이에 요절하는 것을 보면서도 여름날의 불나방처럼 몰려드는 것이 안쓰럽기만 하다.

굳이 대기만성이라는 고사를 인용하지 않더라도 우리는 한 장 한 장 벽돌을 쌓아가듯이 한 단계 한 단계 성취해 나가는데서 얻는 기쁨과 보람을 소중히 여길 줄 알아야 할 것이다.

세계적 명작 〈로미오와 줄리엣〉이나 젊은 베르테르의 슬픔을 진정으로 이해하고 공감하는 젊은이라면 더욱더 차분한 인내심으로 미래를 가꾸어나가는데 게을러서는 안 될 것이다.

"누구에게든 언제 올지 모르는 불행을, 더욱 값진 교훈으로 다지고 새로운 기회로 바꿀 수만 있다면 우리 사회의 발전은 한 층 공고해질 것이다. 스스로 꽃을 바라볼 수 있는 마음으로 사회도 소중하게 가꾸어나갔으면 좋겠다."

몇 해 전이었던가. 미모의 젊은 탤런트가 자살을 했다는 보도가 온 매스컴에 도배질을 했다. 왜 죽었는지는 자세히 모른다. 하지만 그가 너무 일찍이 세인의 주목을 받았고, 그 기대와 선망의 짐이 너무 무거워 주체할 수 없는 지경에 이르렀기 때문에 자살을 택하지 않았을까…. 고무풍선과 같은 인기, 바람이 빠지면 그대로 주저앉는다는 사실을 왜 일찍이 몰랐을까…. 소년등과부득호사少年登科不得好死의 고사가 다시금 뇌리에서 맴돈다.

이상에서 살펴본 바와 같이 최염 수필가는 순후한 감정과 냉철한 이성으로 글을 쓰는 작가이며, 독자로 하여금 선성회복의 의지를 가다듬게 하는 격조 있는 작가이다. 늘 고전을 옆에 두고 선인들과의 사상적 교감을 즐기며 후진들에게 들려줄 화두 찾기에는 남다른 고뇌를 하고 있다.

그래서일까… . 매사 서두르지 않고 차분하게 생각한 후에 결행하는 인내심 또한 그 누구도 흉내낼 수 없는 인격의 향기라 할 것이다. 자녀 손들에게도 소년등과부득호사少年登科不得好事의 고사를 통해 조급한 출세욕出世慾을 자제토록 하는 메시지는 새로운 세심훈洗心訓이라 해도 좋을 것이다.

이렇듯 자아성찰自我省察에 역점을 두고 있는 최염 수필가의 두 번 째 수필집 《부르는 소리》출간을 다시금 축하하며, 이것을 계기로 보다 높은 차원의 문화세계를 구축하게 되기를 바라마지 않는다.

최염 제2수필집

부르는 소리

1판 1쇄 인쇄 / 2011년 3월 25일
1판 1쇄 발행 / 2011년 3일 30일

지은이 / 최 염
펴낸이 / 서 정 환
펴낸곳 / 좋은수필사

등록 / 1984년 8월 17일 제28호
주소 / 서울시 종로구 익선동 30-6
운현신화타워빌딩 305호
전화 / (02)3675-5635, (063)275-4000
팩스 / (063) 274-3131
E-mail / bestessay@hanmail.net

값 12,000원



ISBN 978-89-5925-839-0 03810